Yvonne de Bark

Spielen macht schlau

Spaß ohne Computer & Co.

Mit Zeichnungen von Christoph Illigens
www.illigens.biz

UEBERREUTER

Das säurefreie und alterungsbeständige Papier EOS liefert Salzer, St. Pölten
(hergestellt aus chlorfrei gebleichtem Zellstoff aus nachhaltiger
Forstwirtschaft).

ISBN 978-3-8000-7504-1

Covergestaltung: Ursula Kothgasser, www.koco.at
Coverfoto: Fotolia/Wojciech Gajda

Druck: CPI Moravia Books GmbH
7 6 5 4 3 2 1

Ueberreuter im Internet: www.ueberreuter.at

Inhalt

Merci

Ich beglückwünsche Sie zum Kauf dieses Buches. Oder haben Sie es geschenkt bekommen? Von supernetten Mitmenschen, Ihrem Ehepartner oder von einem liebevollen Verwandten? Dann nehmen Sie jetzt bitte Kontakt zu ihnen auf und sagen laut und deutlich: »Hey, so ein Buch habe ich schon sooo lange gesucht! Vielen, vielen Dank!« Dann umarmen Sie bitte die schenkende Person und lassen sie erst wieder los, wenn sie nach Luft schnappt: »Schohon gut, gern geschehen!« Und wenn Sie es sich selbst gekauft haben, dann dürfen Sie jetzt versuchen, wie weit Sie in einer Eigenumarmung mit den Händen an Ihre Schulterblätter kommen.

Während Sie sich noch eng umschlungen halten, nutze ich schnell die Gelegenheit, um mich unspektakulär bei allen Gabis und Patriks dieser Welt zu bedanken, die mich beim Kanalisieren meiner Gedanken unterstützt haben. Und besonderer Dank an Diplom-Sozialarbeiter Holger Wondratschek, der mich in fachlichen und unfachlichen Fragen beraten hat und mich auf dem Weg durch das Geröllfeld des kindlichen Spiels von Stein zu Stein geführt hat.

Ich wünsche Ihnen viel Vergnügen beim Lesen und dass Sie für einige wertvolle Momente wieder klein werden und die Freude am Spiel mit Ihren Kindern zusammen entdecken!

Ihre
Yvonne de Bark

Einleitung

Was haben wir früher gespielt! Ohne glühende Schaltkreise und mit allem, was uns in die Quere kam. Da wurde ein Erdhaufen zum Mount Everest ohne Sauerstoffmaske und Seil, eine Pfütze wurde zum unüberwindbaren Lavastrom und musste überquert werden, das Kinderzimmer war eine Dinosaurierhöhle und die Küche ein Experimentierkasten. Ein Stock war Schwert, Gitarre und Pistole. Ein Blatt war Geld, Spielkarte und Segel. Warum ist das heute nicht mehr so? Haben unsere Kinder das Spielen verlernt?

Früher bargen unsere Hosentaschen wahre Schätze. Wertvolle Steine, Büroklammern, Murmeln, Papier, eine verrostete Schraube – und Chef war der, der sogar ein Taschenmesser als Beule in der Hosentasche trug. Das Überleben in der Wildnis war gesichert. Heute drückt ein Gameboy in der Tasche beim Hinsetzen in den Oberschenkel, und wer mit acht Jahren noch kein Handy hat, muss draußen bleiben.

Computer und Fernsehen sind dabei, unseren Kindern die Kindheit zu rauben. Die NASA beschwert sich, dass sie morgen keine Astronauten mehr ausbilden kann, weil den meisten Kindern die Fähigkeit verloren gegangen ist, selbst Lösungen zu finden und eigenkreativ zu denken. Dabei lernt ein Kind mit neun oder zehn Jahren noch schnell genug, einen Computer zu bedienen. Und um das, was man in einer Scheinwelt sieht, begreifen zu können, muss man es erst einmal in der realen Welt sinnlich erfasst haben. Die physikalischen Gesetze der Schwerkraft versteht man nicht, indem man in einem Computerspiel den Protagonisten durch Knopfdruck über Abgründe hopsen lässt, sondern wenn man sich beim Treppenstunt den Fuß verstaucht. Man kann bei pädagogisch ausgefeilten Onlinespielen Mülltrennung üben, aber den Unterschied zwischen Metall,

Plastik, Papier oder Biomüll kann man nur im realen Leben fühlen, begreifen und riechen. Wir müssen unsere Kinder davor schützen, sich in einer Welt zu verlieren, in der sich das Streicheln einer Katze anfühlt wie das Streicheln eines Touchscreens. Eine Welt, in der eine Prügelei nicht weh tut und keine anderen Konsequenzen hat als einen blinkenden Schriftzug »Game over«.

Aber nicht nur die Verlockung des Nichtstuns, des Stubenhockens, des Cocooning ist schon bei Grundschulkindern vorhanden, sondern sie haben oft überhaupt keine Möglichkeit, sich mit anderen Dingen auseinanderzusetzen als der devoten Konsole und der immer zur Verfügung stehenden PC-Tastatur. Der Trend zum Einzelkind ist da! Und somit die fehlende innerfamiliäre Auseinandersetzung mit fast Gleichaltrigen oder zumindest noch nicht Straffähigen. Überbehütet werden heute Kinder von Erwachsenen in pädagogischen Einrichtungen auf sozial anerkannte Konfliktbewältigung getrimmt, statt Mama stolz das herausgerissene Auge des Kampfgegners nach einer sozial abgelehnten Konfliktbewältigung zu präsentieren. Kinder haben das Grundbedürfnis, sich mit anderen Kindern auseinanderzusetzen. Um sich auf das Leben vorzubereiten. Das geht aber nur, wenn welche da sind. Gelangweilte Einzelgänger weichen schnell auf mediale Spielzeuge zurück. Beschäftigen sich mit teuren und lieb gemeinten Geburtstagsgeschenken, die wenig Raum für eigene Hirnaktivität lassen.

Dabei ist es so einfach, die Lust am Entdecken zu entfachen. Die Lust an sozialer Interaktion. Die naturgegebene Lust, sich zu bewegen. Ohne Computer und Fernsehen sind wir dazu verdonnert, uns mit den Dingen um uns herum auseinanderzusetzen. Und schon die einfachsten Mittel genügen, um unsere Kinder zu fitten, pfiffigen und selbstbewussten Persönlichkeiten heranwachsen zu lassen. Und keine Angst vor Langeweile. Aus Langeweile entsteht Produktivität.

Ich habe mich aufgemacht, sie zu finden. Die verlorene Kreativität der Vergangenheit. Die Fantasie der Besitzlosigkeit. Ich rette Sie vor dem angsterfüllten Aufschrei: »Ich hab das Ladekabel vergessen!«

Im Folgenden möchte ich Sie entführen in Ihre Kindheit, und vielleicht auch ein bisschen in MEINE Kindheit. Und ich habe bestimmt nicht ALLE Spiele und Situationen erwähnt, die Sie vielleicht früher gespielt haben oder womit Sie sich beschäftigt haben. Aber ich helfe Ihnen und damit auch Ihren Kindern, einen Schatz wieder auszubuddeln, den Sie unter Bergen von Verpflichtungen und Alltagsstress des Erwachsenwerdens vergraben mussten. Ich helfe Ihnen, die Neugier wieder zu wecken, die Sie einmal vorangetrieben hat und die Sie an Ihre Kinder weitergeben wollten und sollten. Die Neugier, die Sie dahin gebracht hat, wo Sie heute sind (ich hoffe, Sie sitzen nicht gerade unter einer Brücke und überlegen, wo Sie die nächste Pulle herkriegen).

Wir arbeiten uns in diesem Buch von Däumchendrehen bis Flickflack durch, beleuchten alle Materialien und Spielmöglichkeiten, die unsere Kinder umgeben und auf keinen Fall ein Kabel oder Batterien benötigen. Die meisten Ideen sind verloren geglaubte Schätze noch aus unserer eigenen Kindheit und der unserer Eltern und deren Eltern, und wahrscheinlich hat auch schon der Australopithecus Ähnliches gespielt. Es gibt keine Epoche in der Entwicklung der Menschen, in der sie so faul herumgesessen haben wie heute. Es muss einfach möglich sein, der allgemeinen Verfettung und Verblödung Einhalt zu gebieten.

Warum ist es wichtig, Kinder vom Bildschirm fernzuhalten?

Sie fragen sich jetzt bestimmt: »Warum muss ich mir das antun? Die Kinder sind dann doch sooo schön ruhig, sie sind beschäftigt und nehmen in der Zeit keine Drogen.« Ha! Über die Sache mit den Drogen und Computerspielen oder Fernsehen kann ich nur eines sagen: Sehen Sie sich mal einen zugekifften Junkie an ... und dann sehen Sie sich Ihre Kinder an, die apathisch vor den flackernden Bildern sitzen, nicht fähig zu registrieren, dass Mama schon zum dritten Mal zum Essen gerufen hat.

Kinder gehören bis weit ins Grundschulalter hinein NICHT in die Parallelwelt der flackernden Bilder, sie gehören in ihre eigene Welt. Damit sie die wertvolle Zeit der Kindheit nutzen können, um das Leben zu »begreifen«, sensorische Erfahrungen zu machen und sich sozialen Auseinandersetzungen zu stellen und das nicht in billigen Fernsehserien andere für sich erledigen zu lassen oder bei Computerspielen einfach den Konflikt durch Knopfdruck mit einem Raketenwerfer zu lösen.

Reales Spielen bedeutet für ein Kind harte Arbeit. Das Gehirn muss ständig verarbeiten, Erfahrungswerte abgleichen und sortieren. Es trainiert ununterbrochen alles, was es für das spätere Leben brauchen kann. Oder auch nicht brauchen kann, aber wegwerfen kann man immer noch. Anhand der Beobachtung des spielenden Kindes kann man feststellen, in welcher Entwicklungsphase sich das Kind befindet. Angefangen beim Pinzettengriff über Konstruktionsspiele bis hin zu komplexen Rollenspielen. Das Kind ist ständig dabei, Neues zu verarbeiten und umzusetzen. Und dafür braucht es all seine Sinne und funktionierende Autobahnen auf dem Weg zum Gehirn. Erfassen und Erfahren, das sind die Motoren einer guten Entwicklung.

Dies ist kein gewöhnliches »Spieleanleitungsbuch«, und es liefert keine Rezepte, wie Sie Ihr Kind zu einem Nobelpreisträger trimmen sollen. Im Gegenteil, den Nobelpreis erhält es von ganz alleine, wenn Sie es spielen lassen. Hier und da ein wenig Starthilfe geben und ihm die Möglichkeit offerieren, sich auszuleben und Erfahrungen zu sammeln. Kinder wissen intuitiv, was sie zu welchem Zeitpunkt ihres Lebens spielen wollen und müssen. Sie dabei zu unterdrücken, zu kastrieren und abzubrechen, kommt einem Gefühl gleich, das Männer nach dem plötzlichen Abbruch eines gewissen körperlichen Spannungsaufbaus haben oder Frauen, wenn sie die Schuhe ihres Lebens finden und feststellen, dass sie kein Geld dabei haben.

Das Kind muss seine Spiele abschließen dürfen, den Spannungsbogen vollenden. Lernt es das nicht, so wird es auch später kein Bedürfnis dafür entwickeln, Dinge zu Ende zu bringen. Und der Effekt sind überall liegen gelassene Bastelarbeiten, Bauklotzruinen, halbsaubere Zähne und eine Spülmaschine, die nur bis zur Hälfte ausgeräumt ist. Also überlegen Sie es sich gut, das Kind nicht fertig spielen zu lassen. Ein Kind später noch dazu zu bringen, die Hausaufgaben bis zu Ende zu machen und nicht zwischendurch als Ablenkung den kleinen Bruder in die Waschtrommel zu quetschen (was auch wiederum ein lehrreiches Spiel sein kann), das ist nahezu unmöglich.

Sie werden hier keine Liste von industriell gefertigten Spielen finden, die Sie nur zu kaufen brauchen und dann spielt sich Ihr Kind erfolgreich und sozial anerkannt. Dies ist ein Buch, das das einfache, lebensnahe Spielen und die von Natur aus gegebene Kreativität der Kinder in den Mittelpunkt stellt und auf Gegenstände zurückgreift, die an den Orten, an denen sich die Kinder befinden, bereits vorhanden sind. »Nichts zu haben« spornt zum eigenständigen Denken und Erfinden an. Und das wiederum befriedigt die Bedürfnisse des Kindes weit mehr als ein vorgegebenes Spiel.

Ich bin der Meinung, dass Kindern heutzutage das Spielen

wieder »beigebracht« werden muss. Zu verlockend sind die elektronischen Medien, die sie zur Bewegungsunfähigkeit ermuntern. Viele Kinder lernen nicht einmal mehr, die Umwelt um sich herum wahrzunehmen. Die Möglichkeiten zu erfassen, die ihnen die Umgebung bietet. Ihre »Umwelt« beschränkt sich auf das, was ihnen auf dem Bildschirm vorgelebt wird. Das Kind lernt nicht, Probleme selbstständig zu lösen, sondern es verlässt sich auf das, was es als Problemlösung passiv angeboten bekommt. Das Denken wird eindimensional und bleibt im Rahmen dessen, was das Kind gesehen hat, nicht was es selbst erfahren hat. Das Kind heute muss dahin geführt werden, Spaß am Spiel ohne Knöpfe und Batterien zu entwickeln. Und wir sind die Gelackmeierten, die ihnen das beibringen müssen. Ich erinnere mich, wie meine Kinder mich erstaunt ansahen, als ich auf einer Schöpfkelle während des Kochens plötzlich wild Gitarre spielte, und dass sie, ohne zu zögern, bereit waren, die Notrufnummer der Psychiatrie zu wählen. Und als ich mir nach dem Sonntagsmärchen ein Tuch um den Kopf band und mit gebeugtem Rücken ihre Finger betastete, um zu fühlen, ob sie denn auch schon kräftig zugenommen hatten, verzichteten sie freiwillig auf das nächste Sonntagsmärchen mit dem »vergifteten Apfel«. Es ist gar nicht so schwer, Kindern einen Schubs zu geben, dass sie ihrer Fantasie vertrauen dürfen und dass es in Ordnung ist, wenn man am helllichten Tag träumt, und dass Alice im Wunderland ein Mädchen mit viel Fantasie ist ... zumindest der Autor. Kinder müssen die Erfahrung machen, dass sie träumen dürfen. Sie dürfen spinnen, durchdrehen, ausprobieren. Es ist erlaubt, dass eine Haarbürste ein Mikrofon ist, dass sich ein leerer Joghurtbecher zu einer Rassel umfunktionieren lassen kann und dass das Wohnzimmer unter Wasser gesetzt wird ... in der FANTASIE!

Kinder müssen lernen, mit der Welt, in die sie hineingeboren wurden, klarzukommen. Sie müssen Zusammenhänge erkennen und das Erlernte anwenden. Und je karger das Material ist, desto mehr wird das eigene Denken angeregt, vorgegebene Spielzeuge hingegen schränken ein. Eine Wasserbahn in einem Sandkasten oder Erdhügel zu konstruieren erfordert Voraussicht, räumliches Vorstellungsvermögen und den Umgang mit Erfolg und Misserfolg. Sich aus Salzteig oder Dreckklumpen Brötchen für den Verkauf zu fertigen ist zwar eine klebrige und schleimige Angelegenheit, aber der Mehrwert für die sensorische sowie kreative Erfahrung steht in keiner Relation zum Spiel mit einem Miniplastikhähnchen oder gar einem zusammengestellten Menü per Mausklick.

Und denken Sie immer daran: Kein Spiel ist zweckfrei. Jede Beschäftigung der Kinder bringt sie Schritt für Schritt näher an das ganzheitliche Begreifen der Welt um sie herum. Und sei es auch noch so »kindisch«, alles erfüllt seinen Zweck. Behalten Sie das im Hinterkopf ... und vergessen Sie es wieder, wenn das Kind in die Pubertät kommt.

Zerren Sie die Kinder weg von der Scheinwelt des Fernsehens und der virtuellen Welt. Das ist eine Welt, die den Kindern vorgaukelt, real zu sein, es aber nicht ist. Kinder müssen erst die reale Welt verstehen, um dann irgendwann abstrahieren zu können, was sie da auf dem Bildschirm sehen. Morde werden in Wirklichkeit lange nicht so unterhaltsam aufgeklärt wie im Fernsehen, Gut gewinnt im richtigen Leben nicht immer gegen Böse, und ein zärtlicher Kuss auf dem Bildschirm heißt noch lange nicht, dass sich die zwei Menschen wirklich lieben. Das müssen Kinder lernen und verstehen. Wann das sein wird, ist von Ihrem Kind abhängig. Aber ehrlich gesagt: Wenn ich mir manche Erwachsene angucke, die wie gebannt vor dem Fernseher sitzen und die pseudodokumentarisch inszenierten Leben der anderen leben, dann wird dieser Moment wohl nie stattfinden.

Fit for Life

Um es gleich vorwegzunehmen: Ein Kind müsste zwei bis drei Stunden am Tag toben, um seinen Körper fit für das Leben zu machen. Geniale Erbanlagen bringen gar nichts, wenn sie nicht trainiert werden. Und »ungeniale« Erbanlagen können durch Bewegung extrem verbessert werden. Glücklicherweise sind Kinder von Natur aus getrieben, sich zu bewegen. Das hat sich die Natur bereits vor einigen Jahren so überlegt: Ein unbeweglicher Mensch wird sterben. Denn während alle anderen schon auf die Bäume geflüchtet sind, kann der unbewegliche Mensch den Löwen nur versuchen niederzudiskutieren. Guten Appetit, Löwe.

Und Kinder müssen dabei an ihre Grenzen gehen. »Extreme hangkullering«, »extreme klettering«, »extreme rutsching« oder »extreme balanciering« – wenn das Kind nicht ausprobiert, wie weit es mit seinem Körper gehen kann, dann wird es seine Grenzen auch nicht feststellen können. Natürlich blutet mal ein Knie dabei oder es muss mal eine Platzwunde zugetackert werden. Aber wenn Kinder von klein auf ihre Fähigkeiten und Grenzen testen dürfen, dann gewinnen sie die notwendige Selbstsicherheit und wissen instinktiv, was sie sich zutrauen können. Die meisten Kinder lernen aus Erfahrung und Schmerz, dass sie Treppen lieber hinuntergehen sollten als fallen. Und dass Sand weicher ist als Beton. Die meisten. Die anderen klettern immer höher und winseln dann herzergreifend, wenn sie sich nicht mehr zurücktrauen und wie das Katzenjunge der Seniorin von der ortsansässigen Feuerwehr aus dem Baum gepflückt werden müssen.

Ich will Ihnen nicht die Bürde aufladen, Ihr Kind jeden Tag über einen Hochseilgarten oder Hindernisparcours zu jagen (obwohl das für alle Beteiligten sicher eine interessante Variante der täglichen Freizeitgestaltung wäre). Aber so ein bisschen um den Häuserblock scheuchen ist immer drin und bringt Bewegung ins Spiel. Lassen Sie Ihr Kind die ausgewachsene Dogge des Nachbarn ausführen. Bei langen Autofahrten bietet sich an, die Kinder an einer Raststätte auszusetzen, und wenn Sie eine gute Eltern-Kind-Bindung haben, dann rennen sie Ihnen eine Weile hinterher. Da ich meine Kinder wertschätze (hab ich das gerade wirklich gesagt?), jage ich sie an Raststätten immer in den Wald, so vorhanden. Haben sie sich während der Autofahrt gut benommen, begleite ich sie und wir spielen Fangen, juchhe.

Gut zu Fuß

Die einfachste Form der Fortbewegung ist das GEHEN. Sollte es zumindest sein. Es ist das Erste, was wir aktiv mit unseren Füßen machen, außer sie uns in den Mund zu stecken. Einen Fuß vor den anderen zu setzen ist ja noch nicht so die große Herausforderung. Aber sie so zu setzen, dass man nicht hinfällt, das bedarf schon einiger Übung. Kinder müssen das alleine lernen. Es bringt gar nichts, wenn man sie hält und führt. Wie sollen sie denn sonst im späteren Leben lernen, dass sie sich auf sich selber verlassen können? Wenn das Kind so weit ist, dass es auf eigenen Füßen stehen will, dann merkt es das von ganz alleine. Sie dürfen es sogar für die ersten Schritte loben und ermutigen. Aber nicht wie ein überambitionierter Vater am Fußballfeldrand Samstagvormittag beim Spiel »FC Bambini Oschersleben« gegen »SV Minis Heidekamp 08«, sondern seien Sie sanft, geduldig und pusten Sie die Beulen vom Hinfallen mit Ihrer ganzen elterlichen Liebe weg.

Wenn die Koordination des Laufens geübt ist, geht es ans Eingemachte. 100 Milliarden Nervenzellen wollen miteinander verknüpft werden. Und je mehr Verknüpfungen (Synapsen) gebildet werden, desto lern- und aufnahmefähiger ist der Mensch. Desto mehr Dinge kann er sich merken, desto größer wird sein Erfahrungsschatz, auf den er zurückgreifen kann. OB er dies nun im späteren Leben tut, bleibt ihm überlassen, aber wir sollten ihm doch zumindest die Möglichkeit eröffnen, sich entscheiden zu können. Dümmer werden wir schneller, als uns lieb ist. Mit ein oder zwei Vollräuschen machen wir einen guten Anfang.

Kann Ihr Kind rückwärts laufen? Nein? Dann freuen Sie sich, dass Aldi bereits auf Infrarotkassen umgestellt hat, denn das Rückwärtslaufen hängt unmittelbar mit der Orientierung im Raum und somit mit dem Begreifen von Zahlen zusammen. Machen Sie kleine Laufspielchen mit dem Kleinen, werfen Sie ihm Hindernisse in den Weg, er soll sich drehen, hüpfen, hopsen, was weiß ich. Lassen Sie sich etwas einfallen, denn mit zirka zwölf Jahren ist es dann vorbei mit der wertvollen Synapsenbildung. Was man dann hat, hat man, und was nicht … äh, wie?

Ja, ich weiß um den Spielgefährtennotstand in der heutigen Zeit. Und Eltern sind schlechte Spielgefährten, denn sie können dabei nicht einmal die soziale Kompetenz fördern: Sie »verlieren« sowieso immer (wohlweislich um das Geschrei des Kindes zu minimieren). Deshalb muss man kreativ werden. Das Kind hinter dem Auto anzubinden halte ich für zu gefährlich, es könnte derart bremsen, dass der Spritverbrauch unverhältnismäßig ansteigt. Aber man könnte Rosenkohl kochen und an das Kind binden, dann läuft es kilometerweit, nur um davor wegzukommen. Seien Sie kreativ.

Vertrauen Sie auf den Nachahmungstrieb des Kindes. Hopserlauf, Pferdchensprung oder die Füße beim Laufen kreuzen. All das erfordert die Koordination und schult die Bewegungsmotorik. Sie können natürlich auch auf den Sportunterricht in der Schule vertrauen und abwarten. Sie können aber auch auf Godot warten …

Gleichgewicht

Eine weitere wichtige Fähigkeit, die das Leben ungemein bereichert, ist das BALANCIEREN. Das kann ein vorsichtiges »Fuß vor Fuß setzen« auf einem Teppichrand oder einem Rinnstein sein und darf für Geübte auch schon mal als Tanz auf einer Slackline (ein fußbreites Band zwischen zwei Bäumen gespannt) enden. Und wenn ein Kind gelernt hat, sich selber im Gleichgewicht zu halten, damit es nicht hinfällt, dann wird es auch im späteren Leben eher sein Gleichgewicht finden. Suchen Sie umgefallene Baumstämme im Wald auf, erklimmen Sie Mauern, wackeln Sie auf einem Bordstein entlang. Ja, SIE. Geben Sie ein gutes Beispiel! Das Kind wird Ihnen nacheifern und die Lust an der Bewegung wird sich übertragen. Je besser das Kind lernt, seinen Körper zu beherrschen, desto sicherer bewegt es sich. Und das gilt auch für die Psyche: Ich kann, also bin ich.

Lassen Sie das Kind Hänge hinunterkullern, das schult Körpergefühl und Gleichgewichtssinn. Aber fragen Sie das Kind vorher sicherheitshalber, ob es das will. Sollte der Hang in einem Bach enden, nehmen Sie vorher alle Wertgegenstände, Schnuller, Handys und Kuscheltiere an sich. Im Winter, wenn es draußen matschig und dann doch zu eklig wird, um zu kullern, bieten Sie Ihrem Kind IM Haus Möglichkeiten, seinen Gleichgewichtssinn zu stimulieren. Erlauben Sie ausnahmsweise die Benutzung Ihres Drehsessels oder setzen Sie es auf den Klavierstuhl. Hui, da fliegt das erbrochene Mittagessen durch die Wohnung. Auch diese Erfahrung müssen Kinder machen.

Im Kindesalter sind Drehen, Schwingen und Schleudern wirklich immens wichtig für die Entwicklung. Ist diese Entwicklung abgeschlossen, besteht vom Körper aus kein Interesse mehr am Karussellfahren. Überhaupt nicht! Und wir »Alten« sind eher froh, wenn wir uns NICHT mehr drehen müssen.

Hindernisparcours

Ermutigen Sie Ihr Kind, alles zu benutzen, alles zu beklettern, zu balancieren und zu bespringen. Eine Mauer am Wegesrand ist für ein Kind keine Grundstücksbegrenzung, sondern ein notwendiges Mittel, um seine motorischen Fähigkeiten zu trainieren. Lassen Sie es gewähren. Und nehmen Sie sich ein gutes Buch oder eine Zeitschrift mit auf den Spielplatz, anstatt Ihrem Kind beizustehen, wenn es mit der Schaukel einen Überschlag versucht. Begrenzungssteine in Hüfthöhe sind beim Bockspringen ein adäquater und wesentlich stabilerer Ersatz für den gleichaltrigen Spielgefährten. Und an einer Metallstange am Bahnübergang darf ruhig mal gehangelt werden, anstatt brav davor zu warten.

Zum Glück entwickelt sich die Menschheit weiter. Und zwar in verhaltenem Maße sogar in die richtige Richtung. So entstand aus der Not der mangelnden Tobeplätze eine spektakuläre Tugend: das »Parkour«. Parkour« ist abgeleitet von dem französischen »parcours« (Strecke, Kurs) und bezeichnet eine Sportart, die sich in den letzten Jahren im Zuge der voranschreitenden Urbanisierung entwickelt hat. Wenn nicht genügend Spielplätze vorhanden sind, wird die ganze Stadt zum Spielplatz gemacht. Traceure (die »Streckenebner«) überspringen, überrennen und durchfliegen alles, was ihnen in den Weg kommt. Vor nichts machen sie halt. Sie bewegen sich mit einer affenartigen Geschwindigkeit vorwärts, machen dabei Salti von Parkhäusern und Garagen, drehen Schrauben an Mauern und fliegen von Hausdach zu Hausdach. Das ist so, das hab ich gesehen. Und nachgemacht. Also, versucht. Ich bin zwei Schritte eine schräge Mauer hochgelaufen. Punkt. Nun ja, man muss ja nicht nach den Sternen greifen. Man kann ALLES benutzen, was einem in den Weg kommt. Parkbänke (je nach Erziehung mit oder ohne Erholung suchende Menschen), Mülleimer, Mauervorsprünge, Hecken oder Container. Hauptsache, die Krümel bewegen ihren Hintern.

Wenn Sie gar keine Möglichkeit sehen, Ihr Kind hinauszujagen, dann setzen Sie Anreize: »Das Schönste im Winter ist eine heiße Tasse Kakao gemütlich auf dem Sofa nach einem tollen Nachmittag im Schnee«. »Geht raus zum Spielen, die Sonne scheint!« verursacht bei manchen Kindern eher den Wunsch nach dauerhaftem Regenwetter. »RAUS, ich habe gerade gestaubsaugt!« funktioniert da schon eher. Mit der Aussicht auf Computerspielzeit zu locken ist zwar völlig verwerflich ... zieht aber bei bereits Infizierten IMMER: »Wenn ihr jetzt bis vier rausgeht, dann dürft ihr noch eine halbe Stunde Wii spielen.« Sie werden sich wundern, wie hartnäckig plötzlich hartgesottene Stubenhocker regungslos in Jacke und Schal draußen bei Wind und Wetter vor der Haustür sitzen und den Minutenzeiger der Uhr zu hypnotisieren versuchen.

Jonglieren fürs Gehirn

JONGLIEREN ist eine tolle Beschäftigung für eine einzelne Person. Und wenn man sie beherrscht, kann man damit sogar Geld verdienen. Man muss als Eltern nur entspannt die verunglückten Vorführungen ertragen und das Kind zum Weitermachen immerzu ermutigen. Und dann den Raum verlassen, denn das frustrierte Stampfen und die Wutausbrüche muss man sich ja nicht geben. Das Jonglieren ist nicht nur relativ schwierig und stellt hohe Ansprüche an die Vielseitigkeit der verbotenen Schimpfwörter der Übenden. Nein, es vergrößert sogar die visuellen und motorischen Bereiche der Hirnrinde. Und jetzt kommt's: SOGAR bei Erwachsenen. Sie dürfen also gerne auch mal drei Bälle oder brennende Fackeln in die Hand nehmen und mit Ihrem Kind um die Wette fluchen.

Nicht jeder hat die feinmotorischen Voraussetzungen für die Kunst der Jonglage. Aber man kann sie erlernen. Neben der Vergrößerung der genutzten Hirnmasse schult es obendrein

Ausdauer, Geschicklichkeit, peripheres Sehen, räumliches Vorstellungsvermögen und das Rhythmusgefühl. Und wenn das Kind schon kein Instrument spielen kann, dann kann es eben mit dem Herumwirbeln von Tellern oder anderen Gebrauchsgegenständen auf einer Party auftrumpfen. Jonglieren ist eine anspruchsvolle Beschäftigung, zu deren Ausübung der kleine Künstler keine sozialen Kontakte und keine besonderen Materialien benötigt. Drei leichte, schwebende Tücher aus beispielsweise Organza oder Nylon bilden den Anfang für eine Kunst, die wie Radfahren ein Leben lang Freude bereitet und zu Ruhm und Ehre geleitet. Mit drei bunten Tüchern kann man schnell Ergebnisse erzielen. Und je mehr Tücher man wirbelt, desto spektakulärer sieht es aus. Und dann kommt auch schon der selbstsichere, beherzte Griff zu den Bällen. Erst zwei, dann drei, dann bleiben es drei, denn darüber ist es noch einmal ein Quantensprung. Aber es macht auf jeden Fall etwas her, IRGENDWAS jonglieren zu können. Und wenn man es nicht draufhat, mit sieben japanischen Säbeln gleichzeitig zu hantieren, dann kann man wenigstens versuchen, sich einen Besenstiel auf die Nasenspitze zu stellen. Das ist auch hübsch.

Das Ziel ist der Weg

Einen Weg zurückzulegen ist in den Augen eines Kindes so was von unnötig. Wurde man doch von klein auf getragen, geschoben oder gefahren. Und plötzlich soll man sich selbst fortbewegen. Mit dem Fahrrad geht es ja noch. Da sind viele Dinge gleichzeitig gefordert: Aufmerksamkeit, Gleichgewichtsgefühl, Reaktionsschnelligkeit. Aber Gehen? Das ist ja nun das Langweiligste, was man sich vorstellen kann. Weit gefehlt. Neben anregenden Unterhaltungen mit seinem Wegzurücklegpartner (so vorhanden) kann man vielerlei Beschäftigungsspielchen erfinden.

Der gute alte »Hutstockregenschirm« sollte dabei nur die Notlösung sein, denn das könnte Sie in der Öffentlichkeit als gut gelaunte Kinderbegleitung hinstellen, die sich traditioneller Mittel bedient, um das Kind von A nach B zu manipulieren. Lassen Sie das Kind verschiedene Gehweisen üben. Große Schritte: Vorteil ist, man kommt gut voran. Aber Vorsicht vor Zerrungen bei überambitionierten Spagatneulingen. Hopserlauf und Pferdchensprung: Anspruchsvoll, wenn das Kind noch nicht sehr geübt ist oder die ersten zehn Jahre vor dem Computer gesessen hat. Kann zeitweise lustig anzusehen sein, wenn ein Schulkind hopst wie Fury im Vollrausch. Seitwärts gehen: Dabei die Beine überkreuzen. Das ist auch in schneller Bewegung möglich. Ich sagte »möglich«. Es gibt noch zahlreiche weitere Arten, sich fortzubewegen (robben, in der Hocke gehen – autsch –, auf einem Bein hüpfen), aber die beeindruckendste Fortbewegungsart von allen ist immer noch und immer wieder das schon erwähnte Rückwärtsgehen: Rückwärts zu gehen ist nämlich nicht allen Kindern in die Wiege gelegt. Rückwärtsgehen muss geübt werden. Wissenschaftler behaupten, dass es extrem wichtig für die Ausbildung des Rechenzentrums im Gehirn ist. Deswegen laufe ICH immer gegen die Wand. Man kommt unglaublich langsam voran, aber wenn es so wichtig ist, dann kann man schon mal zwei, drei Stunden für einen Kilometer investieren. Und es sieht ja auch ziemlich lustig aus, je kleiner oder motorisch ungeübter das Kind ist.

»Blind führen«: Als Eltern blind vom Kind geführt zu werden setzt voraus, dass Sie bis dahin eine gute Beziehung zu Ihrem Kind aufgebaut haben. Sprich, regelmäßig Taschengeld bezahlt, immer für reichlich Süßigkeiten gesorgt und eben alle Dinge erfüllt haben, die ein Kind von einem sorglosen Leben als Prinz(essin) erwartet. Wenn Sie auch nur einen Punkt in der langen Liste der Bedürfniserfüllung vernachlässigt haben, dann lassen Sie sich nie, ich sagte NIE, auf das Spiel ein, blind von Ihrem Kind geführt zu werden. Auch wenn Psychologen dringend dazu raten, um das Vertrauensverhältnis zwischen Elternteil und Kind zu festigen. Der kleine Satansbraten wird sich in diesem Moment der absoluten Machtübernahme hemmungslos an Ihnen rächen und es dann als »Ups, das wollte ich nicht«-Lapsus hinstellen. Unebenheiten im Boden, Laternenpfähle, Hundekothaufen, heranrasende Autos … ein Fest der Rache. Und das Schlimme ist, dass Sie als Mutter oder Vater den Beschützerinstinkt und die Sorgfaltspflicht nicht ausschalten können und sich außerdem das Geschrei nicht anhören wollen, wenn das Kind im umgekehrten Fall des »Geführtwerdens« als Folge eigener Rachegelüste oder zufälliger Unachtsamkeit einen Gehweg hinunterpurzelt oder sich den Kopf an einem Straßenschild einrennt.

Wege müssen zu jeder Jahreszeit zurückgelegt werden. Besonders in der kalten Jahreszeit, in der man auf Fahrrad, Roller und Maulesel verzichten muss. Aber wenn Kinder einmal gelernt haben, dass Jammern und Winseln nichts bringt, und sie sich damit abgefunden haben, dass ein Weg dazu da ist, um gegangen zu werden, dann entwickeln sie selber Spiele und Beschäftigungen. Frauen haben es da einfacher, sie quatschen und quatschen und quatschen. Was machen Männer eigentlich, wenn sie zusammen wandern? Schweigen sie die ganze Zeit? Jedenfalls machen Kinder alles andere als schweigen, ob Männlein oder Weiblein. Stattdessen spielen sie. Beispielsweise, dass man nur auf bestimmten Farben oder Materialien gehen darf, man darf nur Laub berühren, dunkle oder helle Stellen. Schattenhüpfen, Schneematsch zertreten. Man darf nur auf Gras gehen oder nur Erde berühren. Man kickt ein Steinchen vor sich her. Man versucht fallendes Laub zu fangen. Einige Spiele sind sehr gut, andere tatsächlich weniger gut geeignet, um einen Weg zurückzulegen. Zu Letzteren gehört beispielsweise das Verfolgen einer Linie, die in eine andere Linie übergeht. So wie Gehwegbegrenzungen, Teerlinien, gedachte Kopfsteinpflasterlinien oder wenn zwei Untergründe aneinanderstoßen.

Das kann nämlich den berühmten Rotkäppcheneffekt haben und das Kind immer weiter vom eigentlichen Weg wegführen, sodass es sich nach einiger Zeit plötzlich und unvermittelt vor dem bösen Wolf wiederfindet. Auch kann sich das ständige Verfolgen von Linien zu schweren Psychosen ausweiten, sodass das Kind nie wieder andere Wege gehen kann, als Linien zu verfolgen. Ein anderes Spiel, das WIR ALLE gerne gespielt haben, war das Produzieren zarter, unauffälliger Töne, indem wir mit einem Stock an Zäunen aller Art entlangknatterten. Manch einer hat es nur einmal gemacht, bis ihn die Eltern oder empfindliche Grundstückbesitzer in die Schranken verwiesen haben. Manch einer war schnell genug, viele verschiedene Zäune zu probieren. Stahl, Holz, Stein, das alles klingt so fein.

Einen Weg zu Fuß zurückzulegen kann schon eine Herausforderung an die Geduld sein, für alle Beteiligten. Aber wenn man es eilig hat und sein Ziel erreichen will, dann sollte man ein paar Ideen im Rucksack haben. Erwachsene legen aufgrund ihrer anatomischen Gegebenheiten per se ein schnelleres Tempo vor. Und Kinder schlurfen mit ihren kurzen Beinchen hinterher. Wie wäre es da, wenn man annimmt, dass der fremde Erwachsene, der da vorne den gleichen Weg geht, ein Dieb ist, den man nicht aus den Augen verlieren darf. Der Erwachsene darf natürlich nichts davon merken, dass man inzwischen weiß, dass er eigentlich auf der Flucht ist und nur so tut, als sei er ein normaler Passant. Sollte er plötzlich einen anderen Weg einschlagen, muss man sich einen neuen Spaziergänger aussuchen, den man verfolgen kann. Ist keine Menschenseele unterwegs, so kann man als erwachsene Begleitperson auch selber diese Rolle übernehmen. Nur müssen Sie aufmerksam Ihre Hinterkopfaugen offen halten, denn die Kinder werden sich bei jedem Langsamerwerden oder Umdrehen sofort rechts und links in die Büsche werfen, um nicht als Verfolger enttarnt zu werden.

Es gibt so viele Möglichkeiten, einen Dreikilometermarsch

spannend und unterhaltsam zu absolvieren. Glauben Sie mir, Ihre Kinder profitieren viel mehr davon, sich zu bewegen und die Welt um sich herum zu erobern, als davon, vom Mittagstisch aufzustehen, sich ohne große Beanspruchung der Muskulatur ins Auto zu setzen und während der Fahrt stumpf aus dem Fenster zu gucken. Aber ich sehe schon ein, dass für solche antiquierte Streckenbewältigung heute meist die Zeit fehlt. Schließlich müssen Berge von Hausaufgaben niedergearbeitet werden und die anschließende Tennisstunde nimmt leider keine Rücksicht auf den Freizeitbedarf des Kindes. Also, rein ins Auto und in fünf Minuten sind wir da. Und mal ehrlich: Wenn wir die Kinder mal schnell mit dem Auto irgendwo hinfahren, dann haben wir Erwachsene wieder Zeit für uns gewonnen, in der wir mit dem Nachbarn ein Schwätzchen halten können, um uns zu beklagen, dass unsere Kinder sich heutzutage viel zu wenig bewegen.

Werfen – treffen – aua

Man kann ALLES werfen, was man heben kann und was sich nicht wehrt. Bälle, Ringe, Frisbees, Bücher, Geschwister. Und man kann AUF alles werfen. Starre Ziele, bewegliche Ziele. Man kann weit werfen oder hoch. Wieder auffangen oder froh sein, dass der Gegenstand weg ist. Und warum ist »Werfen« so wichtig? Weil beim Werfen die Auge-Hand-Koordination geschult wird. Und warum ist DAS so wichtig? Damit wir keinen debilen Eindruck vermitteln, wenn uns einer einen Apfel zuwirft und wir unkoordiniert vor unserem Körper in die Hände klatschen, in der Hoffnung, der Apfel würde zwischen unseren Händen klemmen bleiben.

Man kann alles Mögliche werfen, die Herausforderung ist nur, das Wurfgeschoss und das Ziel vernünftig zu kombinieren. Ein Ring, der auf eine aufgestapelte Pyramide von Dosen geworfen wird, wird sich befremdlich fehl am Platz fühlen. Und ein Dartpfeil, der in einem Kind anstatt in einer Zielscheibe landet, hat wohl sein Ziel verfehlt (außer das Kind hat es verdient). Bälle sind das gängigste Wurfgeschoss, das man werfen kann. Damit trifft man aufgrund der stabilen Flugeigenschaften auch so ziemlich alles. Um es zu erschweren, kann man Ziele weiter weg oder kleiner als den Durchmesser des Balles machen. Kleine Geschosse, wie Smarties, Nüsse oder Schokodrops, lassen sich mit dem Mund wieder auffangen, auch über eine große Distanz. Vorsicht, die Lippen sollten dabei unbedingt die Zähne schützen und der hintere Teil der Zunge die Luftröhre verschließen.

Wenn man kein Frisbee und keinen Wurfstern zur Hand hat, muss man sich welche aus Eimerdeckeln, CDs oder Dosendeckeln basteln; wenn man keinen Ring hat, kann man sich einen aus Zeitungspapier und Klebeband drehen. Ausreden, keinen Wurfgegenstand zu haben, gibt es nicht. Karten können in Hüte geschnipst werden und Bierdeckel hinter den Kühlschrank. Ein beliebtes Wurfspiel ist, wenn man Steine, Münzen oder meinetwegen auch Schuhe in Richtung Wand wirft, und wer am nächsten an der Wand ist, hat gewonnen. Hat man eine Holzwand vor sich, darf man ruhig auch mal auf gut ausgewogene Messer aus Mamas Messerblock zurückgreifen. Nur dann bitte ohne menschliches Zielobjekt, die Sauerei kriegt man nie wieder weg. Gleichsam unappetitlich im Endergebnis kann auch das Werfen von spitzen Steinen aussehen. Und man sollte darauf achten, dass man keine schwereren Gegenstände wirft, als man fangen kann.

Ist kein Ball vorhanden, ist das noch längst kein Anlass, den Controler in die Hand zu nehmen. Man kann alles Mögliche kullern lassen, und wenn es nicht kullert, dann kann man es rutschen lassen. Wie einen Puck. Wenn man nichts zum Kullern oder Rutschen hat, dann bastelt man sich etwas aus vorhandenem Material. So wickelten meine Kinder und ich Gras so lange zu einem kleinen Ball, bis wir mit dem verlassenen, balllosen Kicker spielen konnten, der einsam und ungenutzt auf Gesellschaft wartete. Die Rolleigenschaften des Grasballs waren zwar bar jeder Definition, aber seine Unberechenbarkeit in der Richtungskonstante war eine heitere Herausforderung in unserem Spiel.

Ob das Kind nun Teebeutelweitwurf macht oder sich aus Luftballons und Sand mit einer Schnur daran Wurfbomben bastelt – werfen kann ungemein viel Spaß machen. Die Kinder machen Erfahrung mit unterschiedlichen Gewichten und deren Einfluss auf die Flugbahn. Sie stellen fest, dass einige Dinge einen anderen Luftwiderstand haben als andere und dass sich das ebenfalls bemerkenswert auf die Flugeigenschaften auswirkt. Wenn man sich vornimmt, ein bestimmtes Ziel zu treffen, dann sollte man sich langsam herantasten, um die Frustrationsschwelle zu testen. Bewegliche Ziele zu treffen bereitet besonders viel Freude, aber achten Sie darauf, dass das weglaufende Ziel das langsamste in der Klasse ist.

Hat das Kind die Auge-Hand-Koordination ausreichend geübt, darf endlich zu schwereren Geschützen gegriffen werden. Mit angeschleimten Papierkügelchen durch einen Trinkhalm oder eine Kugelschreibermine den Nacken des Vordermanns in der Klasse zu treffen, das Briefchen mithilfe eines Gummibandes in den Ausschnitt der frühreifen Klassenschönen zu schießen, das sind die vergleichsweise harmlosen Varianten. Martialisch veranlagte Zeitgenossen ersetzen die infantilen Waffen schnell durch Steinschleudern oder gar Softairwaffen. Die Ziele, auf die mit diesen Waffen geschossen werden, sind oftmals die gleichen wie die ehemaligen Wurfziele: Dosen, Playmobilmännchen, Mädchenpopos. Doch bei Softairwaffen (die ich persönlich ablehne, die aber nun mal vorhanden sind) können schon reichlich schwierigere Ziele gewählt werden. Kleiner und viel weiter weg. Hach, wie schön war es doch, als das Aschenbrödel gekonnt den Tannenzapfen vom Baum schoss …

Körpergefühl

Der eigene Körper ist für kleine bis mittlere Kinder ein Sammelsurium an Spielzeugen. Für große Kinder bietet der Körper selbstverständlich auch viele Betätigungsmöglichkeiten, aber das würde hier zu weit führen, und ein Buch darüber würden Sie wohl kaum im Regal für Kindererziehung finden.

Sich mit dem eigenen Körper zu befassen gehört zur grundsätzlichen Arbeit eines Kindes, um sich im Leben behaupten zu können. Wer kein gutes Körpergefühl hat, nie erfahren hat, wo seine Grenzen liegen, findet auch später keinen guten Zugang zu seinem Körper. Und der Körper ist nun mal das Instrument, das wir ein Leben lang nicht mehr loswerden. Wir müssen also irgendwie damit klarkommen. Wir betatschen unsere Füße, wenn wir noch nicht mal laufen können, wir schnalzen mit unserer Zunge, wenn wir noch nicht mal sprechen können. Wir üben vom Tag der Geburt an, mit unserem Körper umzugehen und ihn kennenzulernen. Als Baby und auch als Kinder.

Kinder lieben es, ihren Körper zu erforschen und alle denkbaren und undenkbaren Bewegungen damit durchzuführen. Wir Eltern dagegen lieben es weniger, die verbogenen Finger und ineinander verknoteten Augäpfel wieder auseinanderzusortieren. Denken Sie doch mal zurück an die Zeit, in der Sie noch voller Inbrunst und Ausdauer mit Kugelschreiber die nackte Gesamtheit Ihres Körpers zu bemalen versuchten. Ihre Eltern fanden das nicht gut, Sie schon. Und das war nicht nur ein Spiel. Sie haben dabei Ihren Körper sensorisch erfasst, sein Aussehen durch Ihr Zutun verändert und gleichzeitig an Ihrer Kreativität gearbeitet. Anfangs war es nur die Handfläche, an der der Kugelschreiber so schön entlangrollte, und dann krempelten Sie Ihren Ärmel hoch und stellten fest, dass da noch viiiel mehr Fläche zur Verfügung stand. Und das war gut so. Ich kann schwer beurteilen, in welchem Zusammenhang die frühkindliche Körperbemalung zu den späteren Tattoos steht, aber je nachdem, wie Sie persönlich dazu stehen, können Sie die Körperbemalung Ihres Kindes loben und gutheißen oder es schlicht darauf hinweisen, dass es nun eine Weile mit seinen Krakeleien rumlaufen muss: »Kind, das ist DEINE Entscheidung …!«

Und auch in sportlicher Hinsicht versuchten Sie Ihrem Körper Dinge abzuverlangen, die sowohl gewöhnlich als auch faszinierend waren. Und hätten Sie damals nicht aufgehört zu üben, weil der Kampf gegen Pickel plötzlich Ihre ganze Aufmerksamkeit und Zeit in Anspruch nahm, würden Sie wohl heute ohne Probleme wie ein Schlangenmensch durch einen Tennisschlägerrahmen gleiten können oder sich immer noch mit dem großen Zeh in der Nase popeln.

Im Folgenden werde ich auf jedes Körperteil näher eingehen, das sich das Kind auf seiner Reise zum besseren Körpergefühl erspielt hat.

Der BAUCH. Der Bauch ist nicht nur da, damit man kleine Metallgegenstände durch den Nabel stecken und so seine Individualität oder das Ablösen von den spießigen Eltern demonstrieren kann. Er ist auch ganz gut dazu nütze, den Oberkörper und den Unterkörper miteinander zu verbinden. Viel Spielraum bietet der Bauch nicht. Aber Kinder wissen sich dennoch immer mal wieder damit zu beschäftigen. Sie strecken ihn raus, machen sich dick, ziehen ihn ein, machen sich ganz dünn. Dabei sehen sie (wenn sie nicht total verfettet sind), wie ihr Brustkorb sich abzeichnet, und schwupps, da haben wir eine Lektion in Anatomie gelernt. Fortgeschrittene versuchen Bauchwellen mithilfe der Muskulatur zu machen. Das ist nicht so einfach, lehrt aber eine gute Körperbeherrschung. Sie machen Falten am Bauch, bemalen ihn. Vergleichen ihren Bauchnabel mit denen anderer und pulen Bauchnabelflusen heraus. Und sie lernen bei all den Spielen, dass der Bauch ein zentrales Körperteil ist, das auch mal wehtun kann und unseres besonderen Schutzes bedarf.

HAARE hängen am Kopf herum. Das muss so sein, das bleibt so. Später hängen sie auch noch woanders rum, aber dagegen gibt es scharfe Messer und gute Chemikalien. Aber die Kopfhaare sollten sichtbar bleiben und wachsen dürfen. Denn Haare sind ein prima Spielzeug, das man immer dabei hat. So sie denn lang genug sind. Mädchen und Jungs, die wie Mädchen aussehen, sind da klar im Vorteil. Jungs flechten zwar nicht, aber sie können schon früh den Frauenversteher spielen, wenn sie Mädchen an ihre Haare zum Zwecke der Kontaktaufnahme und Frisurenbildung heranlassen. Mädchen flechten, was das Zeug hält, sobald sie ein paar Strippen in die Finger bekommen. Und Mädchen merken auch schnell, dass sich frisch gewaschene Haare schlechter flechten lassen als fettige. Aber wenn sie erst mal geflochten sind, merkt sowieso niemand mehr, dass sie fettig sind. Mädchen lernen das von ihrer Mutter. Aber sie lernen auch, dass frisch gewaschene, offene Haare, in der richtigen Art und Weise nach hinten geworfen, eine gewisse unwiderstehliche Anziehung auf Jungs ausstrahlen.

Ich hatte lange Haare und war hocherfreut, mich im Gegensatz zu den »Skins« in meiner Klasse während des Matheunterrichts ausgiebig selbst zu unterhalten. Man kann nämlich tatsächlich Stunden damit verbringen, herauszufinden, wie man einen Knoten in eine Haarsträhne macht, der auch wirklich hält. Bis ich am Ende des Schuljahres zu zwei deprimierenden Ergebnissen kam: Knoten halten nicht in Haarsträhnen, und wenn doch, dann wünscht man sich, dass man es nie geschafft hätte, UND mangelnde Beteiligung am Unterricht zieht den Notendurchschnitt gewaltig runter.

Ich bin dazu übergegangen, die Haare nur noch als Übersprungshandlung zu zwirbeln oder sie mir einzeln rauszureißen, um den voranschreitenden Spliss so zu bekämpfen. Auch das brachte keine wirkliche Verbesserung meiner Lebensqualität. Aua.

Kaugummi aus den Haaren zu entfernen gehört zwar zu den Erfahrungen im Leben eines Kindes dazu, aber es ist nun wirklich keine Beschäftigung, die besonderen pädagogischen Wert hat, außer dass das Kind lernt, dass man mit Kaugummi im Mund nicht ins Bett gehen sollte. Zu meiner Zeit war Toupieren auch noch ganz groß in Mode. Also in der modischen Haargestaltung meiner Mutter, und das wollte ich natürlich nachmachen. Und daraus lernen wir Kinder, dass man fürs Toupieren kein Friseurmeister sein muss, aber fürs Wiederauskämmen einen solchen dazuholen muss – oder eine Schere.

Die HÄNDE sind für ein Kind erst einmal lange Fleischwürste, die ihm auf wundersame Weise dazu dienen, die Welt um sich herum zu befühlen. Sie sind die erste Extremität, die ein Kind lernt zu beherrschen. Recht bald stellt schon der Säugling fest, dass die Hände ein ausgezeichnetes Mittel sind, um alles, was nicht wegläuft, näher an sich heranzuholen und festzuhalten. Das manifestiert sich rasch im zarten Festkrallen in die Mutterbrust beim Trinken, am Schnuller, der fest umklammert wird, oder am Papierschnipselchen, das sorgsam mit Pinzettengriff vom Boden gepflückt und sogleich zur näheren

Differenzierung in den Mund geführt wird. Und wenn das »Festhalten« genügend geübt wurde, schließt nahtlos das »Loslassen« an. Alles wird fallen gelassen, was aber nicht schlimm ist, denn Mama oder Papa heben es ja sowieso wieder auf und es wandert sofort wieder in den kindlichen Besitz über. Damit es wieder losgelassen werden kann.

Hat sich der kleine Wissenschaftler dann ausreichend feinmotorische Fähigkeiten erarbeitet, kann endlich getestet werden, welche Möglichkeiten sich noch mit Händen und FINGERN eröffnen. Finger übereinanderquetschen, den kleinsten über den Ringfinger, den über den mittleren und den über den Zeigefinger. Das ergibt einen tollen Kamm. Dann wird auch bald die Belastbarkeit der Finger getestet, indem der Daumen zum Gelenk zurückgebogen wird. Manche schaffen's, manche nicht. Ich nicht. Dafür konnte ich die Hände und die daran angewachsenen Handgelenke so verdrehen, dass sie aussahen wie eine gekordelte Fleischwurst. Ein optischer Trick, aber sehr effektvoll. Dringend zur Nachahmung empfohlen. Auch konnte ich einen einzelnen Finger so labil von den übrigen Fingern trennen, dass er völlig willenlos an der Hand hing. Auch ein Trick, aber – so was Dummes – den kann ich Ihnen jetzt nicht zeigen. Vielleicht erinnern Sie sich noch daran, wie Sie die Gelenke Ihrer Finger knacken ließen. Dass das einen medizinischen Nachteil im Wachstum verursacht, kann ich nicht ausschließen, aber das angeekelte Geschrei der Mitschüler war mir damals sicher. Kleinere Kinder kann man noch mit dem Daumen-ab-Trick beeindrucken, den Sie sicher alle kennen, bei dem der Daumen der gestreckten linken Hand »abgenommen« wird, indem man mit dem Zeigefinger der rechten Hand den »Trennungspunkt« verdeckt und den rechten Daumen als vermeintlich »linken« vom linken Stumpf trennt. Oh bitte, zeigen Sie das Ihrem Kind, es wird Sie dafür bewundern!

Fingergymnastik kann bei manchen Kindern extrem bedenklich aussehen und ist nicht zum Nachahmen empfohlen.

Eine genetische Veranlagung sorgt dafür, dass sie ihre Finger nach hinten biegen können, sodass es gegen jedes normale anatomische Verständnis geht. Da lob ich mir doch die einfachen Spielchen wie Schnipsen. Oder Handflächen aneinanderlegen, Mittelfinger einfalten, Hände gegeneinander drehen, und die zwei Finger winken jeweils unten und oben. Mehr Schwierigkeiten verursacht das Auffalten der gedrehten und gefalteten Hände an der Nase, ohne diese loszulassen. Der Trick ist (für die noch Unwissenden), die Finger so zu falten, dass es sich »falsch« anfühlt, dann einmal durch die Arme an die Nase führen, Zeigefinger an die Nase und die Hände auffalten. Tataaa.

Mit den Fingern sind alle Experimente erlaubt, je kreativer, desto besser. Seine eigenen Hände zu kennen verleiht Selbstsicherheit und fördert die feinmotorische Geschicklichkeit. Haben wir nicht alle mal versucht, wie es sich anfühlt, wenn man fünf Wäscheklammern an den Fingern hat? Oder hundert? Oder erinnern Sie sich daran, wie Sie Nadeln durch die Hornhaut Ihrer Fingerkuppen oder Handschwielen gepiekst haben? Man kann ein Fernrohr mit ihnen bilden, sich bei gruseligen Filmen die Augen zuhalten und nur durch die winzigen Zwischenräume gucken. Man kann aber auch »PunktPunktKommaStrich« ein winziges Gesichtchen auf die Fingerkuppe malen und hat so seinen besten Fingerkuppenfreund immer dabei. Man kann Wellenbewegungen üben, die Fingerzwischenräume isoliert öffnen und schließen (Mork vom Ork) oder sie verdreht falten und versuchen, einzelne Finger isoliert zu heben. Fingergymnastik ist bei Schulkindern sehr beliebt und auch wertvoll. Kleinere Kinder experimentieren auch gerne mal mit dem Abschnüren von Fingern mittels Haushaltsgummis oder Fäden. Wird das »Bondage« nicht rechtzeitig wieder gelöst, kann ein äußerst unangenehmer Blutstau entstehen. Und man will ja schließlich alle Finger behalten, sonst fällt das Minidreckwürstchenproduzieren mittels Aneinanderreiben beider Handflächen in Zukunft ungleich schwerer.

Manche Spiele erscheinen Ihnen vielleicht überflüssig oder kindisch. Ja, denn in der »Erwachsenheit« kennen wir unseren Körper bereits und können das Erlernte einsetzen oder eben auch nicht. Aber besser ist es, wir wissen, was uns gefällt, stimmt's (zwinker zwinker)?

Die Königsdisziplin bei der Fingerfertigkeit ist nicht etwa, wie möglicherweise angenommen, das Kreisenlassen zweier Qui-Gong-Kugeln, ohne dass sie sich berühren, um dabei die Reflexzonen der Hand anzusprechen. Das erfordert ja schon verhältnismäßig viel Körperbeherrschung. Es ist vielmehr eine »Sportart«, die nicht mehr benötigt als einen Stift. Dieser wird zwischen den Fingern einer Hand jongliert, gedreht, gezwirbelt. Und das bei Geübten in einer Geschwindigkeit, die für unsereins nicht nachvollziehbar ist. Solche Künstler und Akrobaten beeindrucken uns heute mit kleinen harmlosen Fingertricks, wo sie doch früher mit Butterflymessern das Fürchten lehren wollten.

Der FUSS. Barfuß laufen ist gesund. Und der Dreck, der von draußen in die Wohnung getragen wird, verteilt sich so schön in der ganzen Wohnung. Man kann sich im »Brombeerdornen aus Fußsohlen Zupfen« perfektionieren, und man kann die Kinder jeden Abend zum Füßewaschen zwingen oder eben die sukzessive Einfärbung der Bettwäsche am Fußende verfolgen.

Die Spiele, die die Füße betreffen, sind hauptsächlich Wettkampfspiele. Eine entsprechende Anzahl von Kindern, durch die überhaupt ein Geschicklichkeitsmessen möglich wird, ist erst an Kindergeburtstagen oder anderen Festen mit mehreren Kindern erreicht. Man kann aber doch schon vorher üben, um dann als Sieger aus den Spielen hervorzugehen. Das Kind kann nämlich außer Dreck aus den Zehenzwischenräumen pulen NOCH andere sinnvolle Dinge mit den Füßen machen. Dicke Hornschichten zu entfernen und mit einer Krallennagelzange zu bearbeiten gehört ja glücklicherweise noch nicht zu den präferierten Behandlungen eines niedlichen, knubbeligen Kinderfußes. Stattdessen verknoten sie ihre Zehen, versuchen sie übereinanderzuklemmen, versuchen Sachen aufzuheben, sich auf Zehenspitzen zu stellen und sich in Crocs mit festgekrallten Zehen möglichst anmutig zu bewegen. Mit Füßen kann man auch wunderbar Dinge ertasten, malen oder versuchen mit einer Kerze zwischen den Zehen andere Kerzen anzuzünden.

Ich behaupte ja nicht, dass Ihr Kind jeden Tag mit den Füßen schreiben soll oder sich perfektionieren muss, füßisch mit Messer und Gabel zu essen. Es reicht schon, eine Sensibilität zu entwickeln, ein Bewusstsein dafür, dass die Füße auch noch da sind. Schließlich sind sie das Erste, was wir an unserem Körper mit den Händen betasten und bei dem wir feststellen, dass es zu uns gehört, und sie sind zum großen Teil dafür verantwortlich, dass wir Schuhe nicht an unseren Knien tragen müssen.

Sinnesspiele

MUND. Der Mund ist das Erste, was ein Säugling einsetzt, nachdem er aus dem Mutterleib herausgefallen ist. Mit dem Mund erfährt und erspürt das Kind seine Umwelt. Alles wird angeschnullt und angeleckt. Nahezu jedes Kind macht diese »orale Phase« durch und beginnt so seine Umwelt zu erfühlen, zu »erschmecken« und zu unterscheiden. Der Mund ist für das Neugeborene der Zugang zur Welt. Und nach Sigmund Freud ist die »orale Phase« außerdem die erste Phase in der Sexualentwicklung eines Menschen. Für die kindliche Entwicklung, für das Begreifen und Kategorisieren von Sinneseindrücken ist die »orale Phase« ungemein wichtig und sollte nicht unterbunden werden. Sonst holt der Jugendliche die Phase in einem Alter nach, in dem es seltsam anmutet, wenn ein Schnuller oder Daumen der zentrale Blickpunkt im Gesicht ist.

Wenn man mal bedenkt, was wir als Erwachsene noch so alles mit dem Mund machen, dann dürfte uns langsam bewusst werden, dass wir entweder etwas nachzuholen haben oder etwas Verlorenes wiederhaben wollen, oder es ist ein Symptom für die versagte Liebe an der Mutterbrust. Erwachsene stecken sich Zigaretten zwischen die Lippen, nuckeln an Bierflaschen, kauen an Stiften. Wenn man Kinder und Jugendliche beobachtet, dann könnte man bei manchen meinen, die »orale Phase« sei DIE zentrale und alles bestimmende Phase im Leben. Plötzlich werden Fingernägel gekaut, Haarsträhnen werden hingebungsvoll gelutscht. Der Kragenausschnitt des T-Shirts unter dem Kinn findet seinen Stammplatz im Mund und wird zermalmt und eingespeichelt. Bänder, Schnüre und Kordeln von Jacken werden angesabbert, Halskettchen teilen das Kinn in zwei Hälften, weil sie an der unteren Zahnreihe festklemmen, damit die Zunge am Anhängerchen spielen kann, und Schalzipfel triefen. Zerkaute Trinkhalme oder Gräser cool im Mundwinkel dienen als Dauernuckel und später dann die Lippen des pickeligen Benny aus der 9b. Und wenn der sich weigert, als Dauernuckel zur Verfügung zu stehen, und lieber die vollbusige Cornelia aus der 10c nuckeln will, dann lässt man sich ein Metallkügelchen in die Zunge oder Lippe piercen und lutscht den ganzen Tag daran.

Der Mund besteht hauptsächlich aus sensiblen Lippen, der geschmeidigen Zunge und den Zähnen. Und mit allem davon kann man Geräusche und Laute machen. Nicht immer schöne Töne. Mit dem Mund kann man pfeifen, wenn man es kann. Schnalzen, Knack- und Plopptöne machen. Für die Sprachentwicklung ein wichtiger Schritt. Für Eltern eine Geduldsprobe, wenn das Pfeifen nicht sofort klappt, aber auch, WENN es dann klappt. Wenn ein Kind einmal eine Fähigkeit erworben hat, dann ist es sein Job, diese auch zu üben und zu perfektionieren. Zum Leidwesen seiner Umgebung.

Dauer-»brrrs« oder -»grrrs« oder bilabiale Speichelschleudern »bbbbb« sind wichtig für die Sensibilisierung des Mundraums. Lassen Sie Ihr Kind gewähren. Möglicherweise sparen

Sie dadurch den Logopäden. Die Zunge darf ruhig mal an die Nasenspitze wandern oder herausgestreckt werden, so weit es geht. Drehen Sie den Kopf des Kindes hierbei in die Richtung des über die Lärmbelästigung schimpfenden Rentners. Was man alles mit der Zunge anstellen kann, ist meist und zu meinem persönlichen Bedauern genetisch bedingt. Die Zunge zu einem Rohr zu rollen ist bei mir leider schon das höchste der Gefühle. Neidvoll musste ich in meiner Kindheit mit ansehen, wie andere Kinder ihre Zunge einmal um sich selbst drehen, verknoten und tanzen lassen konnten. Ich und die weniger begnadeten Zungengrobmotoriker mussten uns damit begnügen, mithilfe unserer degenerierten Mundakrobatik Knutschflecken auf die eigenen Arme zu machen. Wie bemitleidenswert.

In den letzten Jahren hat sich eine Mundfertigkeit entwickelt, die »Beatboxen« heißt. Was diese Jungs und Mädchen können, lässt mich ehrfürchtig vor ihnen auf den spuckeübersäten Boden sinken und ihnen andächtig lauschen. Sie machen Geräusche und Töne gleichzeitig, geben Rhythmus und pfeifen und singen. Und das alles ausschließlich mit dem Mund. Ich wünschte, ich könnte wenigstens »Katze« dreimal hintereinander ohne Vokale sagen.

Die NASE. Eine Nase ist zum Laufen da. Aber man kann auch viele andere wunderbare Dinge damit machen. Man kann sie sich an Fensterscheiben platt drücken, hinter denen sich bergeweise Süßigkeiten türmen. Man kann sie langziehen, um zu testen, ob sie wieder in ihre ursprüngliche Form zurückgelangt. Man kann sie nach links oder rechts drücken. Und man kann sich oder anderen eine Schweinenase machen. Das Atmen ist ungleich einfacher durch eine bis zwischen die Augenbrauen zurückgebogene Nasenspitze. Man kann versuchen, sich einen Löffel an die Nasenspitze zu hängen und dabei nicht allzu degeneriert auszusehen. Man kann mit den Nasenflügeln wackeln oder versuchen, sie durch Einsaugen von Luft in Kombination mit Popelresten an die Naseninnenwand zu ziehen und dort mehrere Sekunden kleben zu lassen. Popeln sollte man in einem Spielebuch eigentlich ein eigenes Kapitel schenken. Kein körpereigenes Produkt findet so viele Fans wie der Popel. Er unterscheidet sich nach Konsistenz, Farbe, Form und Geschmack. Man hat ihn immer dabei, er ist leicht zugänglich und bei Verlust rasch wieder verfügbar. Es lässt sich nahezu jeder Popel egal welcher Konsistenz zu einem Kügelchen formen, das man sich auf den Fingernagel legt und wegschnipst. Bei Schleimpopeln dauert es länger und erfordert mehr Geduld, aber das wird schon, und bei Trockenpopeln sollte man darauf achten, dass genügend Schleim vorhanden ist, um zu binden. Popel finden sich meist an der Außenseite von Kinderhosen, wo sie nicht etwa in Ermangelung eines Taschentuches, sondern als Konsequenz erfolgloser Erziehung abgewischt werden. Auch das Betttuch wird gerne mal als Megataschentuch missbraucht. Und warum essen wir Popel? Schwups, da war sie wieder, die »orale Phase«.

So, nachdem dieses faszinierende Thema in Ansätzen und längst nicht zu meiner persönlichen Zufriedenheit angesprochen wurde, nun zu einem weiteren Phänomen der Nase: Man kann damit RIECHEN. Tatsächlich. Leckere Sachen und nicht so leckere Sachen. Die sinnlichen Erfahrungen eines Kindes spielen in dessen Entwicklung eine bedeutsame Rolle. Die Sinne werden mit jeder neuen Erfahrung geschärft und verfeinert. So auch der Geruchssinn. Mit einem sorgsam vorbereiteten Riechspiel, wo verschiedene Gerüche erkannt werden müssen, kann der Grundstein für das Interesse an dem eigenen Geruchssinn gelegt werden. Augen verbinden und verschiedene Schälchen mit verschiedenen geruchsintensiven Dingen können den Geruchssinn Ihres Kindes ansprechen und verfeinern. Wollen Sie eine etwas heftigere Reaktion oder sich für die liegen gebliebenen Schuhe im Eingangsbereich rächen, dann greifen Sie zu Pfeffer oder Essig. Und das Fest aller Feste für die Nase ist dann der Gang über eine Kirmes. Gebrannte Mandeln, Zuckerwatte, Crêpes und zum Abschluss der Toilettenwagen.

Ein Riechspiel erfordert Vorbereitung und Kreativität. Aber wer hat schon die Zeit und vor allem Geduld, sich eine Versuchsvorrichtung zu überlegen und sie auch noch umzusetzen. Andererseits: Das Verlangen nach Experimenten ist einem Kind ein Grundbedürfnis. Und so wird es sich ohnehin selbst Mittel und Wege suchen, seine eigenen Erfahrungen mit Gerüchen zu sammeln. Es wird möglicherweise ein Spiel entwickeln, das es »Parfum machen« nennt. Dabei werden ausgesuchte Stoffe natürlichen oder artifiziellen Ursprungs aus der näheren Umgebung gesammelt, zerdrückt, zerquetscht oder pulverisiert, bis sie in ein Behältnis gefüllt werden können, mit Wasser (mangels destillierten Alkohols) verdünnt und dessen olfaktorisches Ergebnis mittels Nase beurteilt werden kann. Pfefferminze, Zitronenmelisse, Lavendel oder Rosenblüten gehören dabei definitiv zu den angenehmeren Extraktionsversuchen. Zu den für den Zuschauer weitaus unterhaltsameren Versuchen gehören Experimente mit Dornensträuchern, Brennnesseln und giftigem Fingerhut …

AUGEN. Brillenträger bitte weglesen. Spiele mit Augen sind sehr beliebt bei Kindern. »Nicht schielen, sonst bleibt das so!«, hat meine Mutter immer gesagt. Ich hab nicht auf sie gehört. Seitdem kann ich nach innen UND nach außen schielen, und das im schnellen Wechsel mit weit geöffneten Augen. Kinder lieben es, ihren Körper zu testen. Huch, da erscheint plötzlich ein schwarzer Punkt, wenn man sich das Auge eindrückt. Können Sie eine Augenbraue heben? Ich nicht. Können Sie Ihr Auge zum Zittern bringen? Wie verändert sich das Sehen, wenn ich die Augen zu engen Schlitzen kneife oder kann ich mit nur einem Auge Fahrrad fahren? Und wie unversehrt gelange ich über die Straße, wenn ich die Augen schließe und mich nur auf mein Gehör verlasse? Als ich Kind war, freute ich mich wie ein Schnitzel aufs Schlafengehen, denn dann schloss ich die Augen, und nach einer Weile sah ich Hunderte bunter Pünktchen, die sich manchmal langsam, manchmal schnell vor meinem inneren Auge bewegten. Wie, Sie nicht? Oh.

Die HAUT ist das größte Sinnesorgan des menschlichen Körpers. Und auch das empfänglichste für Zärtlichkeiten. Ein gestreichelter Körper ist ein glücklicher Körper. Die Spiele, die Kinder mit der Haut machen, sind für sie sehr wichtig, um ihre Empfindungen kennenzulernen. Bei einer Babymassage oder Streicheleinheit spürt das Kind, wo die Grenzen seines Körpers sind. Streicheln kann stressresistenter machen.

Kinder lieben es, von Mama geknuddelt zu werden. Aber sie lieben es auch, selbst zu streicheln. Und weil nicht immer ein Opfer zur Hand ist, streicheln sie alles, was ihnen unter die Finger kommt. Sie stürzen sich auf jedes frei laufende Fell, das sie finden und erwischen können. Hunde sind zwar schnell mal verfügbar, und nach einer höflichen Frage an das andere Ende der Leine darf man die Hundchen vielleicht auch streicheln, aber sie sind auch unberechenbarer als ein totes Stallkaninchen. Findet sich nun weder Hund noch Pelzmantel im Schrank zum Weitergeben von Liebe durch intensive Streicheleinheiten, so bleibt nur noch die Schildkröte oder der Frosch. Und eines habe ich mit eigenen Augen gesehen: Die Überlebenschancen der Schildkröte sind bei Weitem höher als die des Fröschleins.

Eine VERLETZUNG der Haut verunsichert kleine Kinder enorm. Ein kleiner Blutstropfen gibt Anlass zu größter Sorge: »Werde ich überleben?« Aber je älter die Kinder werden, desto argloser gehen sie mit ihrer Haut um. Sie testen die Schmerzgrenze mit »Brennnessel«, wobei die Haut des zu testenden Unterarms mit zwei aneinanderliegenden Händen umgriffen wird, die gegeneinandergedreht einen höllisch brennenden Schmerz verursachen. Jugendliche ritzen sich den Namen ihrer Liebsten mit Nadeln oder Messern in den Arm. Sich selber zu verletzen gehört nicht mehr zu Erfahrungen oder Spielen, die durchlebt werden müssen, sondern muss beobachtet und im Auge behalten werden. Es fällt aber in kleinen Ausmaßen eher unter »Jugendsünde« und hinterlässt einfach nur unansehnliche Narben. Wenn dann die Pickel nach Zerstörung rufen und die rasche Bekämpfung wichtiger wird als die Gefahr, sich tiefe, bleibende Krater ins Gesicht zu reißen, dann ist eine Phase des Heranwachsens erreicht, in der Streicheln und nonverbale Kommunikation sowieso eine ganz andere Rolle spielen. Dann sind Massagen nur noch ein Vehikel, um hormongesteuerte Gleichaltrige unter Vorwand betatschen zu können. Sich gegenseitig Buchstaben auf den Rücken zu schreiben ist nur noch rudimentär für angewandte Rechtschreibung nützlich, sondern eher der zwischenmenschlichen Kontaktaufnahme zuträglich.

Wenn Kinder Warzen haben, dann kann es passieren, dass sie, trotz strengen Verbots, daran pulen und piddeln. Vorzugsweise nach dem Baden, wenn die Warze so schön aufgeweicht ist. Und wenn sich Schorf an einer Wunde gebildet hat, dann müsste man manchem Kind eher die Hand abhacken, bevor es davon ablässt, sich zur blutenden Wunde vorzuarbeiten. Wundenschorf abzuknibbeln könnte zurückzuführen sein auf das Lausen, darauf, die Reinheit des Körpers von Fremdem zu befreien. Dieser rudimentäre Trieb ist so vorrangig, dass die Schmerzen beim Abreißen des Schorfs billigend in Kauf genommen werden. Die harmlosere Variante, den »Reinigungstrieb« zu befriedigen, ist das »Dreckwürstchen Pulen« zwischen den Zehen und, nicht zu vergessen, das schon erwähnte »Bauchflusen Pulen«. Komisch, ich habe bei mir schon lange keine mehr entdeckt und auch keines meiner befragten Rechercheopfer konnte mit Zwischenzehenwürstchen oder mit Bauchflusen dienen. Schade eigentlich, dass das ein Privileg der Kinder zu sein scheint.

Die OHREN befinden sich jeweils rechts und links am Kopf. Das ist sinnvoll, denn so liegen sie direkt an den Kanälen, die der Körper zur Verfügung stellt, um auditive Wahrnehmungen zu verarbeiten. Bei manchen Kindern scheint dieser Sinn kläglich verkümmert zu sein. Sie hören selektiv nur das, was sie

hören wollen. Diesen Missstand kann man allerdings ausgleichen, indem man seine Stimme bei Anweisungen in der Lautstärke reduziert. Das löst bei Kindern das Gefühl aus, etwas zu verpassen, und schwupps hören sie ganz genau hin.

Ohren haben Löcher. Und das veranlasst Kinder im Forschungsdrangalter, sich eingehend damit zu beschäftigen, was denn IN dem Loch alles versteckt ist. Und vor allem, wie es schmeckt. Ich erspare Ihnen den Selbstversuch: Es schmeckt bitter.

Ohren kann man in sich einstülpen und sich darüber freuen, wie sie gleich wieder aufploppen. Man kann versuchen, damit zu wackeln, und sie können eine Brille halten. UND sie lassen sich relativ schmerzfrei durchstechen, weil sich in der Ohrmuschel wenige Schmerzrezeptoren befinden. Das hat früher Lehrer und Gouvernanten dazu verleitet, Ungehorsam damit zu sanktionieren, die Kinder an deren Ohren auf Augenhöhe zu ziehen. Ich habe das mal für Sie an mir selbst ausprobiert und mich an meinem Ohr auf meine Augenhöhe gezogen. Aaah.

Um den Hörsinn zu schulen, gibt es einige simple Spiele. Mein favorisiertes Spiel ist: Leise sein und darauf achten, was man für Geräusche hört, und versuchen, sie zu erkennen. Die Gefahr, dabei als Erwachsener der plötzlich entstandenen Ruhe zu obliegen und mit einem leisen Schnarchen den Kopf nach vorne fallen zu lassen, besteht, dauert aber nicht lange an, weil die Kinder schnell die Quelle des sonoren Grunzgeräuschs ausfindig gemacht haben und peinlich berührt die Mitstreiter berichtigen: »Das ist kein Schwein, das ist mein Vater.«

Bei allen »Hörspielen« muss man gut darauf achten, dass die Aufmerksamkeit nicht von anderen Sinnen abgelenkt ist. Das bedeutet: Augen zubinden. Oder den Gegenstand außer Sichtweite bringen. Das kann anhand von Döschen geschehen, in denen verschiedene Materialien versteckt sind und erraten werden müssen. Oder ein Gegenstand, der ein Geräusch macht, kann im Raum versteckt sein (Wecker), und die Kinder müssen suchen. Ein kleiner Tipp dazu: Setzen Sie einen großzügigen Preis aus für den Finder, damit auch genügend Anreiz da ist, und verstecken Sie den Wecker im Freien. Irgendwo. Weit weg.

Ja, wo isser denn?

Verstecken, Verschwinden, das hat eine wichtige Funktion in der kindlichen Entwicklung und ist mehr als nur ein Spiel. Die Macht, seine eigene Existenz unter Kontrolle zu haben, sich unsichtbar zu machen. Seinen Körper in Luft aufzulösen. Verschwinden und die Erlösung, wieder gefunden zu werden. Hoffentlich. Irgendwann. Beim Verstecken erleben Kinder einen Spannungsaufbau und die folgende Entspannung. Die Entscheidungsgewalt darüber zu haben, ob man da ist oder nicht, ist einzigartig und ein tolles Gefühl für ein Kind. Und wenn dann nach Stunden zusammengekauert in der Waschtrommel immer noch kein erlösendes »Hab dich!« erklungen ist, dann überkommt das Kind zwar ein zarter Hauch von Triumph, der wechselt aber schnell in Wehgeschrei, weil das Reinklettern irgendwie viel einfacher war, als wieder herauszukommen.

Das Verstecken beginnt mit dem Guck-guck-da-Spiel als Baby. Das Gesicht der Mutter verschwindet hinter ihren Händen oder einem Tuch und taucht dann plötzlich wieder auf. Welch Erleichterung für das Kind. Mama wieder da, puh. Das ist ein wichtiges Spiel, um das Vertrauen des Kindes zu festigen und die Gewissheit zu entwickeln, dass die Mutter immer wiederkommt. Das tut sie auch. Zumindest die ersten sechzehn Jahre. Wenn das Baby den Umgang mit den eigenen Händen gelernt hat, versteckt es sich selber. Es zieht sich ein Tuch über den Kopf und versteckt sich so vor der Welt. Manche finden die Idee so reizvoll, für alle unsichtbar zu sein, dass sie auch später noch selten die Tür zu ihrem Jugendzimmer öffnen. Sie sind einfach unsichtbar. Tagelang. Dummerweise scheint das ein Privileg der Kinder zu sein. Sich verstecken zu können. Denn wenn ich mich in meinem Arbeitszimmer verstecke, dauert es keine zwei Minuten, und ich bin entdeckt. Väter verstecken sich gerne auf der Toilette, in ihrer Höhle. Für zwei Stunden.

Kinder verstecken sich in allem, in das sie hineinpassen. Unter Tischen, zwischen Schränken, hinter Sofas, IN Schränken, in Waschmaschinen, Gefriertruhen, Kisten, zwischen Kleidung und so ausgeklügelt in die Falten einer Bettdecke, dass sie sich schon durch gepresstes, hämisches Kichern bemerkbar machen müssen, wenn sie gefunden werden wollen.

Und Kinder verstecken nicht nur sich selbst und kleine Geschwister. Sie verstecken auch andere Dinge. Autoschlüssel, Handy, eben alles, was eine gewisse unterhaltsame Reaktion nach sich zieht, wenn es vermisst wird. Aber WEHE, es verdusselt sein Kuscheltier oder seine Schmusedecke oder die Dauerkarte in den Indoorspielepark …

Natürlich, natürlich

Kommen wir nun zu dem, was uns Menschen außer dem Computer am nächsten ist: die Natur. Die Natur ist alles, was nicht von Menschenhand erschaffen wurde. Mit der Natur sollte der Mensch in einer Symbiose leben, sie achten und das Verständnis dafür entwickeln, dass wir es der Natur zu verdanken haben, dass wir existieren, und nicht einem Reagenzglas. Und deshalb muss unser besonderes Augenmerk darauf gerichtet sein, dass unsere Kinder sich mit der Natur verstehen, sie verstehen und die Naturgesetze verstehen. Natur kann dreckig sein, und sie kann Gefahren bergen, mit denen man sich vor einem Bildschirm nicht auseinandersetzen muss. Und genau DAS ist der Grund, warum wir die Kinder täglich aus dem Haus sperren und nicht eher zurückkehren lassen sollten, bis die Schuhe voller Schlamm und die Fingernägel schwarz sind.

Wasser

FLIESSENDES WASSER übt eine ausgesprochene Faszination auf Kinder aus, vor allem, wenn man es stoppen kann. Ein Bächlein, das sich seinen Weg sanft plätschernd durch die Natur bahnt, ist für jedes Kind, das die richtigen Schuhe anhat, ein Magnet. Und das Ufer sollte so befestigt sein, dass der Bach gut zugänglich und nicht einfach nur ein Sumpfmittelpunkt oder Gestrüppteiler ist. Leider findet man heute immer weniger den Weg zu kleinen Bachläufen. Das höchste der Gefühle ist da ein Rinnsal vom letzten Regen am Straßenrand. Aber das kann ja auch was Tolles sein. Auch da kann man Bötchen schwimmen lassen, sie anfeuern, ihnen einen Schubs geben, wenn sie stecken bleiben, bis sie vom Schlund des Gullis auf Nimmerwiedersehen verschluckt werden.

Auf einem Bach oder Fluss kann man erst mal ausprobieren, was denn eigentlich alles schwimmt. Die Dinge, die schon in der Hand schwer erscheinen, werden wohl auch im Fluss untergehen. Mal abgesehen von dem dicken Rudi aus der 3b, der schwimmt oben, nachdem er hineingeworfen wurde. Und er schreit auch ganz schön und fuchtelt mit den Armen, aber das ist eine andere Geschichte. Große, schwere Dinge, wie zum Beispiel Steine, machen ein unverkennbares Geräusch, wenn sie ins tiefe Wasser geworfen werden. Es klingt wie »Plommmb«. Und von diesem Geräusch kann man gar nicht genug bekommen. Bis das Ufer völlig frei von großen Steinen ist und in der Mitte des Gewässers eine Steininsel aus dem Wasser ragt. Steine werfen, flache Steine auf der Wasseroberfläche titschen lassen, das sind diese harmlosen Beschäftigungen, die den Kindern Freude bereiten. Auch Bötchen bauen aus

Rinde, Ästen und Blättern und sie dann beobachten, wie sie sich durch die Wildwasserströmungen kämpfen, an Hindernissen oder in Strudeln hängen bleiben, befreit werden müssen und irgendwann umkippen oder absaufen. Nach dem dritten gescheiterten Versuch, ein Bötchen zu bauen, wirft man einfach lose Blätter in den Bach und ernennt sie zu seiner kriegerischen Armada. Und diese Faszination findet ihren Höhepunkt in Schwärmen von nummerierten Plastikenten, die in einem Kirmes-Wettschwimmen um den ersten Platz kämpfen, mit der Hoffnung auf den Gewinn des vom ansässigen Friseur gestifteten Wellnessrundumpakets.

Die größte Genugtuung beim Versuch, das Element Wasser zu beherrschen, gewinnen Kinder aber, indem sie Staudämme bauen und so den Lauf des Baches nach ihren Vorstellungen und Möglichkeiten verändern. Riesige Äste werden bewegt, Steine geschleppt und Seen gebildet an Stellen, die noch nie Wasser gesehen haben. Schlamm wird händeweise angeklebt, auch an den eigenen Körper. Füße ohne schützende Gummisohle werden an scharfen Steinen aufgeschlitzt (beim emsigen Hin- und Herschleppen von Material). Und am Ende des Tages muss der kleine Landschaftsarchitekt dann feststellen, dass das Wasser sich eben doch den kürzesten und direktesten Weg nach unten sucht. Macht nix, macht trotzdem Spaß und senkt die Frustrationsschwelle.

Ist das Wetter einmal nicht badefreundlich, das Gewässer zu tief oder unbekannt, so werden die Kinder versuchen, den Fluss zu überqueren, ohne mit dem Nass in Berührung zu kommen. Ob das nun zwingend nötig ist oder nicht, sei dahingestellt. Eine Herausforderung ist es allemal und erfordert je nach Breite und Tiefe Einfallsreichtum und Ausdauer. Ich weigere mich grundsätzlich, die Frage: »Mama, darf ich da rüberspringen?« zu beantworten. Denn ICH muss das triefende Kind dann rausfischen und mir anhören: »Aber du hast doch gesagt, ich soll!«

Und irgendwann, wenn die Badesaison vorbei ist und das

Gewässer aber immer noch da, kommen die Kinder auf den Gedanken, sich Fische aus dem Fluss oder Teich zu angeln. Dazu benötigen sie Regenwürmer und eine Angellizenz. Ersteres lässt sich beschaffen, von Letzterem hören Kinder erst etwas, wenn ein aufmerksamer, gesetzestreuer Bürger sie darauf hinweist. Bei manchen stirbt der Aktionismus aber auch schon bei dem Aufspießen der Würmer auf den Haken. Ich habe schon Kinder gesehen, die den Wurm ohne Haken an das Ende einer Schnur festbinden und so eigentlich nicht mehr Erfolg haben, als die Fische zu füttern. Selten gelingt es, einen Fisch tatsächlich an Land zu ziehen, und wenn der dann vom Haken abgenommen und das durchbohrte Maul vom scharfen Metalldraht entfernt werden muss, dann verebbt schnell die Lust an der Selbstversorgung. Dennoch: Das Angeln in Gewässern ist zwar verboten, aber der Drang nach Erhalt der eigenen Art durch Nahrungsbeschaffung ist naturgegeben.

Ein Fluss ist mit das schönste Spielzeug, das uns die Natur bieten kann. Er ist auch das gemeinste, denn er nimmt alles mit sich, was wir ihm opfern. Boote, Staudämme, Gummistiefel. Aber wir alle haben Flüsse geliebt und unsere Kinder lieben sie ebenso. Und wir sollten ihnen die Möglichkeit geben, sich mit ihnen zu messen, sie zu bearbeiten und von ihnen zu lernen.

Die BADEWANNE ist eines der beliebtesten Forschungs- und Experimentierlabore eines Kindes. Nirgendwo sonst kann es entspannter und sicherer die Faszination der angewandten Physik erleben. Auftrieb, Wasserverdrängung (vor allem, wenn mehrere Kinder baden müssen), Sichtbarmachen von Blähungen oder ersaufende Playmobilmännchen. Kinder merken oft gar nicht, dass sie inzwischen in einer stark abgekühlten, braunen Brühe sitzen, während sie mit dem Waschlappen als Seeungeheuer nach dem Piratenschlumpf auf einem vermeintlich sicheren, unsinkbaren Schwammfloß schnappen. Die Spielzeugindustrie bietet eine Fülle an Badewannenutensilien an, die dem Kind das Verbleiben in der Wanne zum Erlebnis machen sollen und es mit Kurzweil bei Laune halten müssen. Quietscheentchen gehören da eher schon zur Langeweilefraktion, denn die können ja nix außer quietschen und manche kippen im Wasser sogar um. Nein, da gibt es gar lustige Badewannenanimatösen wie spritzende Seesterne, Wasserräder mit Klingklong oder Aufziehboote, die mühevoll aufgezogen werden, um dann nach zwei kläglichen Runden am Badewannenrand zu parken. Oder die aufziehbaren Delfine und Schildkröten, die hektisch rudernd ihre Bahn pflügen und nach zwanzig Zentimetern hilflos am Badewannenrand entlangkratzen, der ihnen den verdienten Weg in die Freiheit versperrt. Und dann gibt es noch die wasserfesten Bilderbücher für die Wanne, eine tolle Idee, um bereits Kinder an das Lesen in der Wanne zu gewöhnen.

Bei meiner Recherche nach Badewannenbeschäftigungen bin ich tatsächlich auf immer wieder die gleichen Spiele gestoßen. Fast alle Befragten erzählten mit glänzenden Augen von mit Luft gefüllten Waschlappen, die untergetaucht wurden und wo dann die kleinen Bläschen herausgedrückt wurden. Vom »Getränke herstellen«, indem man Flüssigkeiten zusammenschüttet und mit verschiedenen Seifenarten coloriert. Mit den eigens für die Badewanne konzipierten Seifenfarben ist das heute ein Spaß, der über Stunden beschäftigen kann und das Badezimmer in einen überschwemmten Malkasten verwandeln kann. Die Farben gehen leicht von den Fliesen ab, das merken die Kinder spätestens, wenn sie unter Fernsehverbotsandrohungen die Schweinerei wieder beseitigen müssen.

Im geschützten Bereich der Badewanne können die Kinder lernen, wie sich die Welt unter Wasser anfühlt, anhört und dass der Mensch Lungen und keine Kiemen hat. Eine Taucherbrille eröffnet den kleinen Nixen und Wassermännern einen tollen Einblick in die Unterwasserwelt … einer Badewanne. Der große Zeh des Bruders oder die Popofalte der Schwester ist da noch das Spannendste, wenn nicht gerade ein für einen

feuchten Pups gehaltenes »Würstchen« vor ihren Augen vorbeischwimmt. Ich habe immer die Stille geliebt, die mich unter Wasser umhüllte. Und deswegen blieb ich dort auch und wurde zum Miniapnoetaucher. Die Unterwasserwelt einer Badewanne wird mit der Anzahl der zu säubernden Kinder immer interessanter. Ich kann mich an die Samstage gut erinnern, als wir uns darum schlugen, wer zuerst in die Wanne durfte. Denn da war das Wasser warm und glasklar. Und wer als letzte Fuhre ins Badewasser stieg, hatte schlimmstenfalls eine Moorkur. Aber in DIESER Brühe waren unter Wasser die tollsten Gegenstände aus den vorhergehenden Badegängen zu beobachten. Angefangen von Klopapier über unterschiedlich lange Haare bis hin zu losgelösten, frei schwebenden Pflastern. Und wenn man sauer auf seine Geschwister ist, dann kann man ruhig mal »vergessen«, auf die Toilette zu gehen, und so den Wasserspiegel für die Nachfolgenden um einige Nanoliter erhöhen.

Wirklich, wirklich wichtige Badewannenspielzeuge sind ein paar Becher, leere Shampooflaschen und eine Spritze (natürlich ohne Nadel), Pipette oder Ähnliches. Waschlappen und ein Schwamm. Eine leere Plastikschüssel (Seifenschale) ist ein wunderbares, stabiles Boot, in dem kleine Männchen oder Püppchen Platz nehmen können. Aber auch auf dem Schwamm können winzige Seefahrer versuchen, den Badewannenozean zu überqueren. Kann man sie so hinstellen, dass sie stehen bleiben, wie viele haben Platz, ohne dass der Schwamm untergeht? Schreien sie um Hilfe, wenn man sie ertränkt? Playmobilmännchen haben übrigens Luft anstelle von Hirn hinter ihrem Plastikgesicht und können gemächlich an der Wasseroberfläche herumdümpeln, bevor man sie an schweres Material bindet und sie wortlos und in ihr Schicksal ergeben den Tiefen des Badewannengrundes entgegensinken. Männchen in der Badewanne verleiten zum Rollenspiel. Sie stürzen sich vom Badewannenrand die Klippen herunter, werden gerettet oder auch nicht (je nach zu bewältigender Phase der kindlichen Entwicklung), erobern menschliche Knie oder kämpfen mit dem Seeschlangenduschschlauch.

Wenn Kinder baden, dann ist das eine Stunde in angewandter Physik. Kann man Pupse in Gefäßen auffangen? Fallen die Haare irgendwann aus, wenn man an der Schwester siebenundzwanzig Frisuren hintereinander mit Shampooschaum auftürmt, verknotet und langzieht? Wie groß muss die Amplitude der Wellen sein, die durch Körper-Vor-und-Zurückschwappen entstehen, um das Wasser fast gänzlich aus der Badewanne zu befördern (oder wenigstens einen hohen Anteil davon)? Platzen die Finger und Füße durch Osmose (Sie wissen schon, das war das, wo das unsalzige Badewasser durch die semipermeable Membran der Haut in die salzigen Körperzellen gesogen wird und die Finger schrumpelig werden)? Kann man in Schaum genauso gut seinen Namen pinkeln wie in Schnee? Schaum hat sowieso einen tollen Unterhaltungswert. Man pustet ihn, schafft freie Flächen im Wasser, die aber sofort wieder »zuschaumen«. Man bekleidet sich damit und »rasiert« den Schaum wieder mit Plastikmessern oder Mamas Haarentfernungsschaber ab. Man erforscht: Woran klebt Schaum und wie lange? Kann man Schaum werfen und wenn ja, wie weit? Kann man durch Schaum atmen?

Und am Ende des Tages muss das Badewasser dann wieder abgelassen werden. Lassen Sie die Kinder ruhig darin sitzen. Der Abflussstrudel MUSS noch mitgenommen werden. Er kann unterbrochen oder mit Waschlappen aufgehalten werden, und Kinder versuchen immer wieder gerne, ob ein Finger, in ein Abflussloch gesteckt, den Abfluss des Wassers beeinflussen kann. Einer allein kann das nicht, aber mehrere schon.

Und dann endlich, wenn die Kinder aus der Wanne sind, bettfertig, gefüttert und bereits auf dem Weg ins Tiefschlafland von meterhohen Wellen und geenterten Piratenschiffen träumen, wenn ein gleichmäßiges Atmen aus dem Kinderzimmer verheißungsvolle Stunden der Ruhe ankündigt, dann lässt man sich eine heiße, frische Wanne ein, zündet zwei, drei Kerzen an, und die einzige Anstrengung, die man unternimmt, ist, das gefüllte Rotweinglas an den Mund zu führen und die Augen zu schließen.

SCHNEE ist in manchen Gegenden eine Seltenheit geworden. Zur Erinnerung: Das ist das weiße, kalte Zeug, das in kleinen Stückchen vom Himmel fällt, wenn der Temperaturfühler Schal und Handschuhe anzeigt. Während die liebe Heidi auf der Alm kaum mehr die Tür aufgekriegt hat, rennen unsere Kinder in den Städten beim Fall der ersten Schneeflocke hysterisch und kaum ausreichend gekleidet vor die Tür und freuen sich über diese wundersamen frostigen Flöckchen, die wie winzige Watteböllchen aus den Wolken fallen und plötzlich bei Berührung mit der klimakatastrophenerwärmten Straße verschwunden sind.

Aber wenn es dann mal richtig schneit, dann ist der große Spielplatz des Lebens eröffnet. Kinder üben sich in sozialer

Interaktion, indem sie sich gegenseitig Schneekugeln an den Kopf werfen. Das schult die Auge-Hand-Koordination und die Leidensfähigkeit.

Fallende Schneeflocken mit der Zunge aufzufangen befriedigt nicht den Durst, aber es schult die Konzentration auf zwei unterschiedliche Dinge gleichzeitig: Ein Kind, das mit weit herausgestreckter Zunge und in den Nacken gelegtem Kopf einer Schneeflocke hinterherrennt, muss auch darauf achten, dass ein Bordstein irgendwo zu Ende ist und dass Laternenpfähle nicht aus dem Weg hüpfen.

Die sinnliche Erfahrung mit Schnee ist groß und einzigartig. Eines Tages ist der Sommer lange vorbei, und die Eiscafés verkaufen Lebkuchen anstelle von süßen, gefrorenen Kugeln. Da das Kind aber nicht auf die sinnliche Erfahrung von Kaltem in seinem Mund verzichten kann, werden Schneemengen gefuttert, am Gaumen angedrückt und die entstandene Pfütze geschluckt. Auch nuckeln kleine Münder hingebungsvoll an Eiszapfen, die von Carports oder Eisenstangen herabhängen, und sterben dann innerhalb kürzester Zeit grausam an »Schneevergiftung«. Nein, das bisschen Schnee oder Eis bringt uns nicht um. Es könnte aber ein wenig befremdlich schmecken, wenn der leicht gelbliche Schnee von einer Wiese mit vielen Hundepfotenspuren stammt.

In großen Mengen verdrückt, kann das »Schneewasser« dem Körper allerdings Mineralstoffe entziehen, etwa so wie destilliertes Wasser. Aber deswegen wird es ja auch fleißig gesalzen. So ein bisschen Salz in der Handtasche ist im Winter eigentlich immer gut. Wenn es nämlich endlich kalt genug ist, dann beobachten Sie Ihr Kind, ob es sich heimlich mit einem Eimer Wasser nach dem anderen aus dem Haus schleicht. Eisbahn selber machen, vor der geschlossenen Eckkneipe in der Stadt oder auf dem Aldiparkplatz, das bringt Spaß, nicht nur den Kindern ...

Die Geduld der Kinder im Winter wird auf eine harte Probe gestellt. Oft reicht das bisschen Schnee nicht aus, um den Schlitten auszupacken. Angepasst an die voranschreitende Erderwärmung gibt es aber schon einfache Teller, die nur ganz wenig Schnee unter sich benötigen. Also, wenn man nach der Meinung meiner Kinder geht: gar keinen, wenn der Hang STEIL genug ist. Auch der Schneeanzughosenboden eignet sich ausgezeichnet. Plastiktüten oder Luftmatratzen, es muss nicht immer der highspeedrote lenkbare Rennbob sein. Lenken wird sowieso beim Rodeln total überbewertet. Früher haben wir uns den alten Gummischlauch eines Autoreifens geschnappt und sind damit die Hänge hinuntergeschossen. Das Ventil steckte nach einer wilden Fahrt im Auge oder in anderen Körperöffnungen, aber der Spaß war unbeschreiblich. König war, wer einen Traktor- oder Lkw-Reifen sein Eigen nennen durfte. Auf dem hatten nämlich mehrere Kinder Platz, und wie wir inzwischen wissen, sind die soziale Interaktion und das Behaupten in der Gruppe extrem wichtig in der Kindheit. Großer Reifen = Chef!

Eine große unberührte schneebedeckte Fläche DARF nicht so unberührt bleiben. Sie MUSS »beengelt« werden. Das gebietet das Schneenaturgesetz. Das Kind legt sich auf den Rücken in die dicke Schneedecke und bewegt ausgestreckte Arme und Beine. Nach dem vorsichtigen Aufstehen erkennt man einen wunderschönen Schneeengel. Aber VORSICHT: Die Schneedecke darf nur so tief sein wie das liegende Kind hoch.

In einer unberührten Schneedecke MUSS man außerdem Spuren ziehen und Irrgärten einarbeiten. Schneckenkreise in die Fläche treten. Als Mann seinen Vor- und Nachnamen hineinpinkeln. Oder eben Schneemänner bauen. Je nach Alter und Phase auch Schneefrauen oder Hasen, na ja, Sie wissen schon. Eine Schneefigur so stabil zu bauen, dass sie nicht umfällt oder einbricht, erfordert ein wenig Geschick und Erfahrung mit Schnee, Hebelwirkung und Schwerkraft. Ein Bauch, der auch noch so sanft auf den Schneemannunterkörper herabgelassen wird, bricht gerne in zwei Teile, wenn seine Eigenstabilität nicht gut genug herausgearbeitet wurde. Zur Vermeidung solcher frustrierenden Bruchschäden kann bereits bei der Aufrollphase schon effektiv gearbeitet werden, indem man den Schnee in einer Schneckenform vom Rasen abrollt oder keinen Zentimeter verschenkt, indem man akkurat eine Strecke hin- und, um die Kugelbreite versetzt, wieder zurückrollt. Schnee ist deshalb so faszinierend, weil er formbar ist. Man kann damit modellieren und kreieren. Er hält länger und ist stabiler als Sandburgen und wesentlich flexibler. Bestenfalls den ganzen Winter lang, im schlechtesten Fall, je nach Region, gar nicht. Und wenn erst an Ostern der erste Schnee fällt, dann baut man eben einen Schneehasen und legt ihm zwei bunte Eier auf den Schoß. Hübsch.

Ein ebenso beliebter Wintersport ist das Erbauen von Iglus. Mit »u«. Nicht zu verwechseln mit dem Fischstäbchenhersteller mit »o« am Ende. IglUs sind relativ schnell erbaut. Je nachdem wie klein der zukünftige Bewohner ist. Einen Haufen Schnee auftürmen, festklopfen, dann Eingangsloch buddeln und den Innenraum behutsam auskratzen. Vorsichtig. Und dann kann man es sich darin gemütlich machen. So ein Iglu ist auch relativ stabil. Mindestens ebenso stabil wie eines aus Schneesteinen. Bei dieser Bauweise sollte man ein Kind in das Iglu stellen und es die Decke von innen stützen lassen. Verwenden Sie ein Kind, das Sie sowieso nervt, denn es wird eine Weile verschwunden sein. Achten Sie bitte darauf, dass zeitnah zum Schließen des Igludachs ein Eingangsloch gebuddelt wird. Oder gehen Sie erstmal einen warmen Kakao trinken …

Und wenn der Schnee dann schmilzt, ist das eine Riesensauerei. Aber mit der richtigen Kleidung wird auch das zum Erlebnis. Ob es nun pädagogisch besonders wertvoll ist, sich auf schmelzende Schneehaufen zu werfen (passen Sie auf, dass nicht immer noch das Helferkind im Iglu ohne Eingang sitzt) oder angetaute Klumpen auf schreiend wegrennende Kinder zu schießen, dass sei dahingestellt. Aber es macht Spaß und die Kinder können in der Zeit nicht schwanger oder drogenabhängig werden. Die Wasserstände der Bäche steigen, die Gletscher rutschen Richtung Tal, und die Zungen der Kinder, die eine gefrorene Metallstange ablecken wollten, lösen sich endlich wieder. Der Frühling naht.

Wolkengucker

Die Wolke ist ein riesiger Berg Zuckerwatte. Sie ist Watte, so weich und kuschelig, wie man sie auf Erden nicht herstellen könnte. Sie fordert unsere Fantasie heraus. Drachen kämpfen gegen Marienkäfer. Ein Gesicht, ein Elefant auf dem Kopf, ein Auto ohne Räder. Wenn man sich hineinfallen lassen könnte, dann würde man sanft landen und von puscheliger Zärtlichkeit

umhüllt werden. Geborgenheit. Auf manchen kann man auch spazieren gehen und von Wolke zu Wolke hüpfen. Sich auf den Bauch legen und die Welt von oben ansehen. Und mit ihnen ziehen. Weggetragen werden. Und dann kommt man nicht mehr herunter. Muss dort oben elendig verhungern und verdursten. Puff, aus der Traum. Also lieber auf dem Boden bleiben. Auf dem Rücken liegen, einen Grashalm im Mundwinkel und die Hände hinter dem Kopf verschränken. Sich entspannen zu können ist eine Kunst, die erlernt werden muss. Seine Gedanken fließen zu lassen ist eine Fähigkeit, zu der man später nur schwer Zugang findet. »Wolken Gucken« ist eine uralte Beschäftigung, die ursprünglich eine seherische Bedeutung hatte. Aus den Wolkenformen oder deren Beschaffenheit konnte man schon immer die Zukunft für den Stamm erlesen oder die Niederschlagsverteilung.

Kinder sind neugierig, wollen die Welt um sich herum verstehen. Und schon im Kindergartenalter kommt die Frage nach den Wolken. Diese übermächtigen, großen Gebilde am Himmel müssen doch eine Bedeutung für mich kleinen Erdenwurm haben. Früher hat man die Neugierde damit befriedigt, dass man erklärte: Wolken geben Regen. Heute wirft man mit Kondensationskernen um sich, »cirrostratet« und endet mit dem Treibhauseffekt. Damit läuft man Gefahr, dass Kinder die wunderschönen weißen Watteberge am Himmel als Ansammlung von Eiskristallen sehen und nach deren Graufärbung beurteilen, wann und wo der nächste Niederschlag kommen wird. Aber die kindliche Fantasie ist dankbarer als wissenschaftliche Erklärungen. Ein Kind will träumen. Und Eltern wollen wissen, was ihr Kind beschäftigt. Ein wolkiger Autounfall lässt zum Beispiel tiefenpsychologische Rückschlüsse auf eine bevorstehende emotionale Karambolage zu. Und wenn das Kind an einem leicht bewölkten Tag zwischen dem Ballett- und dem Musikwichteltermin mal kurz Zeit hat, dann werfen wir es im Freien zu Boden, halten es an Armen und Beinen fest und kleben seine Augenlider an den Augenbrauen fest. So lernt es die entspannende, wohltuende Wirkung des Wolkenfigurenratens in aller Ruhe zu genießen.

Früchte der Natur

Die Natur hat für unsere Kinder (und ich bin sicher, zu keinem anderen Zweck) einige Animateure entwickelt, deren alleinige Aufgabe darin besteht, durch ihre Beschaffenheit zu unterhalten. Für das Ökosystem mögen sie ja durchaus auch eine marginale Daseinsberechtigung haben, aber für uns Menschen sind sie an Unterhaltungswert auf langweiligen Spaziergängen nicht zu überbieten.

AHORNPROPELLER sind zwar auch dazu da, um den Samen des Ahornbaumes möglichst weit vom Stamm wegzutragen, damit er an anderer, freier Stelle fruchten und wachsen kann. Aber die Natur war noch viel pfiffiger. Sie hat die Innenseiten der Samenhülse mit Klebstoff ausgestattet, damit sich Kinder den Propeller auf den Nasenrücken kleben können, um ihn dann noch viel weiter vom Mutterstamm wegzutragen, als der Wind es je könnte.

KASTANIEN sind von der Natur allein aus dem Grund erfunden worden, um den rudimentären Trieb der Sammelleidenschaft bei den Menschen zu erhalten. Während der Kastanienzeit ziehen Scharen von Kindern mit Stöcken und Säcken bewaffnet durch die Straßen und füllen ihre Taschen mit den runden, glatten Baumfrüchten. Der Besitz vieler dieser glänzenden, braunen Kugeln scheint eine Art Glücksgefühl im Menschen auszulösen. Das Sammeln von Kastanien ist eine DER Hauptattraktionen im Herbst. Kinder prügeln sich um die besten Plätze unter Kastanienbäumen. Standorte von besonders trächtigen Bäumen werden gehandelt wie seltene Sammelkarten. Und gleich nach der Schule werden die Kastanienbäume geschlagen, gezupft, beklettert und mit großen Stöcken, Schuhen oder Schulranzen beworfen. Kein Wunder, dass diese im Laufe der Evolution Stacheln an ihren Früchten entwickelt haben. Alles, was greifbar ist, wird hinaufgeworfen, und so manche Beule zierte schon den sammelfanatischen Kopf eines Wettbewerbers, denn die Quantität des Erbeuteten entscheidet schließlich über die weitere Rangfolge des sozialen Ansehens. Die Möglichkeiten der sinnvollen Verwertung von Kastanien sind freilich fraglich. Sicher, man kann damit tolle Sachen basteln. Vergängliche Sachen, was äußerst erstrebenswert ist, weil somit keine Dinge produziert werden, die man in der Wohnung dauerhaft dekorativ aufstellen muss. Basteln zum Wegwerfen oder positiv ausgedrückt: Der Weg ist das Ziel.

Die meisten Pflanzen machen sich die Neugierde und Spielfreude der kleinen Menschlein zunutze. Beispielsweise hat die BIRKE kleine, kompakte Würste entwickelt, die bei Berührung schnell in viele winzige Flugobjekte mit einzelnen Samenpiloten zerfallen. Je nach Anspruch an die Feinmotorik und im Hinblick auf den momentanen Entwicklungsstand kann man auch versuchen, diese Würste NICHT zu zerstören und möglichst heil in der Hosentasche nach Hause zu transportieren. So kann schon im Herbst die Vorfreude auf den Schnee gestillt werden, indem man eine Handvoll dieser Würste sammelt, sie kurz drückt und hoch über sich wirft. Diese kleinen Samenpiloten können in Haaren von Kindern, im Nackenbereich und in Hosen an Orte getragen werden, die ein einzelnes Samenkorn sonst nie erreichen würde. Und wenn im Frühjahr saftige, kleine Birkenäste aus der Pofalte eines Kindes wachsen, dann weiß man: Das Kind hat im Herbst Frau Holle gespielt.

Das SPRINGKRAUT ist fast überall zu finden. Springkraut hat seinen Namen deshalb, weil seine Kapselfrucht bei Berührung die acht Samenkörner in alle Richtungen bis zu vier Meter »sprengt«. Kinder können ihrer Zerstörungswut ungehemmt freien Lauf lassen, und sie genießen das Gefühl, Macht über die Natur zu haben. Macht über IRGENDETWAS zu haben und etwas zu bewirken. Und ein wirklich wichtiger Vorteil von Springkraut ist, dass es in solchen Mengen auftaucht, dass sich auch eine größere Anzahl von Kapselkillern eine ganze Weile damit beschäftigen kann. Wenn dann alle Kapseln, auch die, die noch gar nicht prall genug waren, abgespielt sind, finden Eltern und Kinder wieder zusammen, indem sie sich zum obligatorischen Zeckenabsuchen an einem ruhigen Ort treffen und den Sammeltrieb mit dem Abpflücken der kleinen Spinnentiere befriedigen.

Der SPITZWEGERICH: Im Blütenstand kann man mit den Ähren um die Wette schießen. Man lege mit dem Blütenstandschaft (Stängel) eine Schlaufe um denselben, sodass die zugedrückte Schlaufe die Ähre mit einem Ruck vom Schaft abschießen kann. Spitzwegerich gibt es überall, wo es pflanzliches Leben gibt, und er blüht fast das ganze Jahr, sodass immer genügend Munition vorhanden ist.

KNALLERBSEN, auch Schneebeeren genannt, sind weiße Beeren, die ab September bis in den Winter als belustigender Weggefährte an Sträuchern hängen. Sollte ich an einem solchen voll behängten Strauch praller, knackiger weißer Kugeln vorbeikommen, kann ich mit Sicherheit voraussagen, dass der mir nachfolgende Knackwütige einen abgeernteten Busch vorfinden wird. Dafür sollte er aber seine Schritte kontrollieren, denn der Weg ist nun beschichtet mit Unmengen von plattgetretenem, glitschigem Beereninhalt. Aber Vorsicht: Die Knallerbse ist nicht zum Verzehr geeignet. Sie kann sogar bei bloßer Berührung Hautreizungen hervorrufen.

Die HAGEBUTTE steht bekanntlich auf einem Bein und hat ein rotes Käppelein. Aber ganz so harmlos, wie sie im alten Kinderlied beschrieben ist, mag sie dann doch nicht sein. Sie wehrt sich mit allem, was sie hat, und das ist zwar nicht viel, aber sehr effektvoll. Ich denke, fast alle wissen aus passiver oder aktiver Erfahrung, was ich damit meine: In der Hagebutte befinden sich kleine Nüsschen, an denen Härchen mit Widerhaken sind. Sammelt man diese mithilfe eines Messers oder Löffels heraus und lässt sie mit dem Teufel im Nacken und bös blitzenden Augen am Kragen eines Kindes hinunterrutschen, dessen Freundschaft einem nicht einen Pfifferling wert ist, dann kann man ein interessantes Verhalten unter Extrembedingungen beobachten. Die feinen Härchen verhaken sich an der Haut und verursachen einen schlimmen Juckreiz. Es können auch ernstere Hautreizungen entstehen oder Allergien. Und weil Kinder sehr erfindungsreich sind, lassen sie sich auch noch andere Orte einfallen, wo sie die kleinen Nüsschen am Körper verteilen können. Versteckte Orte, geheime Orte, empfindlichere Orte.

MOHNBLUMEN sind wunderschön. In der Knospe reifen die Blütenblätter heran und wechseln ihre Farbe im verhüllten Versteck von Weiß über zartes Rosa auf knalliges Rot. Ein beliebtes Spiel ist bei langweiligen Spaziergängen, die Knospen mit den Fingerspitzen auseinanderzuziehen und je nach Farbe in Depression zu verfallen oder vor Glückseligkeit zu jubilieren. Weiß wird in diesem Spiel nämlich als Himmel gewertet, Rot als Verderben bringende Hölle. Rosa verursacht bei kleinen Mädchen lediglich positive Gefühlsausbrüche, begleitet von »oooh, wie schöööön«. Sollte die gesamte Blüte in ansprechendes Rosa getaucht sein, kann man sicher sein, dass sich erwachsene Opiatkundler mit leuchtenden Augen für einige Stunden mit der Ernte der samengefüllten Kapseln in ein dunkles Kämmerlein zurückziehen werden und erst mal einige Zeit nicht mehr herauskommen. Aber seien Sie versichert, es geht ihnen gut. Sehr gut.

Die KLETTE: Während noch kleinere Kinder spitze Panikschreie ausstoßen, weil unbekannte borstige Dinger an ihnen haften bleiben, erfreuen sich größere Naturfreunde schon an deren interessanten Fortpflanzungsmechanismen. Kletten bleiben mit ihren Widerhaken am Fell der Tiere, die sie streifen, hängen und werden so als entspannte Schwarzfahrer an die entlegensten Orte gebracht, um dort ein weiteres Klettengewächs zum Ersprießen zu bringen. Und Kinder haben einen Heidenspaß daran, ihren Teil dazu beizutragen. Sie üben ihre Auge-Hand-Koordination, indem sie aus Kletten kleine liebliche Figuren basteln oder/und diese auf bewegliche Ziele feuern. Dafür eignen sich Freunde, aber besser noch arglose Spaziergänger, die dann beim Abpflücken aus Haaren und Kleidern versuchen zu rekonstruieren, wann sie an diesem Tag vom Weg abgekommen und durch klettenbewachsenes Unterholz gewandert sind. Zum »Feuern« dürfen gerne kleine Katapulte gebaut oder kreative Wurfvorrichtungen erfunden werden. Und sollte das Einsammeln von Kletten einmal Schwierigkeiten machen, zu mühsam sein oder mal schnell gehen müssen, dann ziehe man das Mädchen mit den längsten Haaren an den Füßen über eine Klettenwiese und ernte so die Früchte seiner Arbeit.

BOVISTE sind kugelförmige Pilze, die in ihrem Inneren ihre Sporen zur Verbreitung vorbereiten. Sind die Sporen reif, platzt die Hülle auf und die Sporen werden in kleinen Wölkchen vom Wind in alle Richtungen getragen. Dieser natürliche Vorgang kann durch einen gezielten, unnatürlichen Tritt auf den prallen Fruchtkörper vorweggenommen und die Sporen bei der Verbreitung beobachtet werden. Das gilt aber nur für reife Boviste und solche, die es auch wirklich sind, denn wenn das Kind auf andere Pilze tritt, wird es schnell entmutigt sein oder ausrutschen. Bovist heißt übrigens »Fuchsfurz«, abgeleitet vom Geräusch beim Aufpuffen. Puff.

Der JAPANISCHE STAUDENKNÖTERICH ist eine schnell wachsende, krautige Pflanze, die zum Jubel aller Kinder von Ostasien nach Europa gefunden hat. Sie wächst in einem Sommer bis zu vier Meter hoch, hat riesige Blätter und verbreitet sich schnell über eine große Fläche. Hat man einmal den Standort dieses faszinierenden Gewächses ausgemacht, dann weiß man, wo man die Kinder bei zu langer Absenz wieder findet. Die großen Blätter bieten ein tolles Versteck, die weichen

Stängel sind für Kinderhände perfekt zu handhaben. Sie bauen sich Gänge, Höhlen, Verstecke. Und wer der Kampfkunst oder anderen martialischen Spielen zugeneigt ist, der knickt die hohen Gewächse mit einem gezielten Tritt oder geführtem Stockschlag so effizient um, dass er ein Erfolgserlebnis aus der Kategorie der Zerstörung verbuchen kann. Ein Blatt davon auf die zu einem Ring geformte Hand zu geben und mit der anderen darauf zu klatschen, lässt den Förster seine Hunde losjagen, um den vermeintlichen Wilderer zu stellen. Peng.

Die LICHTNELKE wächst auf Wiesen und hat eine zarte, rosafarbene Kapselfrucht. Schließt man mit den Fingerspitzen die Luft in ihr ein, indem man den Rand zusammendrückt, so kann man einen relativ lauten Knall erzeugen, wenn man die Kapsel beispielsweise auf den Handrücken schlägt.

Breite GRASHALME zwischen beiden ausgestreckten Daumen und Handballen spannen und auf die Kante des Halmes pusten. Ist laut, und laut macht Spaß. Vorrangig denjenigen, die das Geräusch erzeugen, nicht aber den Rezipienten.

Der LÖWENZAHN: Das Tolle am Löwenzahn ist: Man kann das dicke Pflanzenbestimmungsbuch oder adäquate App vergessen. Für diejenigen, die ihn nicht kennen: Das ist das gelbe Ding, das von März bis November sogar auf Gehwegen und Mauerritzen in der Stadt zu finden ist. Ja, dieses Ding gibt es wirklich und nicht nur als Vorspann mit Ohrwurmmusik im Kinderprogramm. Seine tiefen und äußerst fest sitzenden Wurzeln sind ein Graus für jeden Gärtner und solche, die ihre Einfahrt jedes Jahr davon befreien müssen. Die Pflanzenmilch, die bei Verletzung seines Stängels austritt, hinterlässt braune Flecken, die jeder Waschmaschine trotzen und für immer und ewig bezeugen, dass Ihr Kind mit Natur in Kontakt gekommen ist. Allerdings soll Löwenzahnmilch, aufgrund ihrer giftigen Eigenschaften, ein wahres Wundermittel gegen Warzen sein. Betupfen, betupfen, betupfen. Ich selber habe aber nie getupft, sondern die Warzen immer mit einem kräftigen Biss aus dem

Fleisch herausgerissen. Löwenzahn eignet sich auch hervorragend, um zu zeigen, wie wichtig Wasser für Pflanzen ist. Einfach eine Löwenzahnblume ohne Wasser in ein Glas stellen, sie lässt nach ein paar Stunden den Kopf hängen, und wenn man ihr dann das lebenswichtige Elixier zukommen lässt, richtet sie sich auf und wird prall und schön. So sollte es zumindest sein. Ich erinnere mich gut, wie wir den Stängel des Löwenzahns der Länge nach eingeritzt haben und in ein Glas Wasser gestellt haben. Die Pflanzenzellen an der Innenseite nahmen mehr Wasser auf als an der Außenseite und der Stängel kräuselte sich herzallerliebst zur Blüte hin. Wirklich herzallerliebst. So, und wenn noch nicht alle Löwenzahnblumen abgeerntet und verspeist oder physikalischen Experimenten zum Opfer gefallen sind, dann macht man aus dem Rest der Wiese einen schönen Blumenkranz (mit Fingernagel den Stängel unter der Blüte einritzen und den nächsten Stängel durchziehen, zum Abschluss den Blütenkopf durchziehen) und versucht damit kleine Brüder oder andere männliche Spielkameraden zu behängen, um sie zu kleinen Prinzessinnen zu machen. Diese werden schreiend versuchen davonzulaufen und so ist auch dem Bewegungsdrang an diesem Tag Genüge getan.

Mehr als Chlorophyllmoleküle

GRAS hat die unübertroffene Eigenschaft, wie Luft nahezu überall zu sein. Zwar lässt die Nutzungsfähigkeit im Winter nach, aber es ist da. Langes, kurzes, dickes, dünnes. Gras ist extrem vielseitig als Spielzeug und Werkstoff. Ein zusammengedrehtes Grasbüschel ersetzt beispielsweise das fehlende Seil, um das spontan errichtete Baumhaus ein wenig zu stabilisieren. Oder man kann einen Stein umwickeln und einen »Indiakaschweif« stehen lassen, so erhält man ein prima Wurfgeschoss mit Flugstabilität. Die etwas zarteren Kinder unter den Wiesenbesuchern können sich darin üben, Zöpfe aus Grasbüscheln zu flechten, um sich dann später aufs Flechten von Körben, Hüten und Decken zu spezialisieren und sich ihr Taschengeld ein wenig aufzubessern.

Im Sommer sprießen sie, die KLEEBLÄTTER. Auf allen Grünflächen (mal abgesehen von Golfplätzen) drängen sie an die Oberfläche, fächern ihre Blätter aus, immer drei. Doch halt! Der Sage nach gibt es unter ihnen Exoten, Ausreißer, Mutanten! Kleeblätter, die »anders« sind. Und um diese Andersartigkeit hervorzuheben und sogar zu etwas Besonderem zu machen, hat Adams Eva damals einfach ein vierblättriges Kleeblatt aus dem Paradies mitgenommen. Die vierblättrige Form soll Glück bringen und vor dem Bösen schützen, weil sie die Form eines Kreuzes hat. Es heißt zwar auch, dass ein solches Kleeblatt nur Glück bringt, wenn man es NICHT sucht und dennoch findet. Aber das müssen wir den Kindern ja nicht erzählen, die fleißig stundenlang in Kleewiesen wühlen. Denen erzählen wir stattdessen, dass ein vierblättriges Kleeblatt dem Finder ewiges Glück beschert. Und wir verschweigen, dass das zusätzliche Blatt aufgrund einer Mutation, eines Mendelschen Vererbungsfehlers aufgetreten ist. Sonst denken sie noch, es ist was Ansteckendes.

BLÄTTER: Hier ist nun wieder Fantasie gefragt. Falls nicht vorhanden, überspringen Sie dieses Buch und gehen Sie in die Abteilung für elektronische Medien. Weil: Ein Blatt ist ein Blatt und mehr nicht. Es wächst am Baum oder am Strauch und ist erst grün, dann bunt, dann braun, dann tot. So die Fakten. Nimmt aber ein Kind, das darauf angewiesen ist, seine Spiellust auszutoben, das Spaß hat am Erfinden, ein Blatt in die Hand, dann verwandelt sich dieses in Spielkarten, Geld (und davon ist reichlich vorhanden und greifbar, wenn man einen großen Fliederstrauch vor sich hat) oder eine Kochzutat für Hexengebräu. Je nach Größe des Blattes gibt es natürlich noch unzählige andere Gebrauchsvarianten, wie Segel für Schiffchen oder ein schützendes Dach für den Marienkäfer, oder man versucht es so auseinanderzunehmen, dass nur noch das Gerippe übrig bleibt.

LAUB sind alte Blätter, die der Baum weggeworfen hat, einfach fallen gelassen, nachdem sie für ihn und die Menschheit den ganzen Sommer über treu als Sauerstoffproduzent geschuftet haben. Dabei ist ein Laubhaufen so wunderbar. Sich fallen lassen in das weiche Bett. Laubhaufen bleiben selten Haufen, wenn Kinder in der Nähe sind. Viel zu verlockend ist die Versuchung, sich hineinzubuddeln oder das Laub mit vollen Händen hoch in die Luft zu werfen und im Blätterregen zu duschen. Die passende Kleidung und eine gewisse natürliche Akzeptanz von Kleinstlebewesen im Gummistiefel sind nötig, um einen mühevoll aufgetürmten Laubhaufen richtig genießen zu können. Denn nicht nur Kinder finden ihn toll, sondern auch fröstelnde Insekten, die den Schutz des wärmenden Laubes suchen. Würmer, Käfer, Spinnen und Zecken. Aber das macht nichts, denn Herbst ist nur einmal im Jahr, und ein bisschen Gesellschaft hat noch niemandem geschadet.

Ein herbstlicher Waldspaziergang kann zu einer Jagd nach fallenden Blättern werden. Irgendwie müssen die Kinder ja aus dem Haus gelockt werden, und wenn es unter Androhung einer Belohnung für zehn aus der Luft gefangene Blätter ist. Über die zahlreichen Bastelmöglichkeiten will ich hier nicht referieren, dazu gibt es diverse Volkshochschulkurse in Ihrer näheren Umgebung. Aber eines muss ich konstatieren: Bunte Blätter im Herbst SIND schön. Und Sie können sie auch getrost mit nach Hause nehmen, damit basteln oder nicht, denn sie werden sowieso Anfang Oktober von Weihnachtsschmuck und tonnenweise Kunstschnee an den Fensterscheiben verdrängt.

Verliebt, verlobt, verheiratet, geschieden: Das berühmte Orakelspiel, die allumfassende Neugier, wer wen wie viel liebt, kann durch Pflanzen für immer Licht ins Dunkel bringen. Man suche sich eine Pflanze aus, Margaretenblume, Gänseblümchen oder andere. Dann zupfe man mit spitzen Fingern nach und nach die Blätter ab und murmle verschwörerische Formeln. Die bekannteste dürfte die reduzierte Form sein: »Verliebt, verlobt, verheiratet ... geschieden.« Und bei jedem Wort wird ein weiteres Blatt vom Stiel oder dem Blütenkelch gerupft. Das letzte Blütenblatt, das übrig bleibt, orakelt den späteren Familienstand oder gibt sichere Auskunft über den Gefühlszustand des aktuell Angehimmelten: »Er liebt mich von Herzen, mit Schmerzen, über alle Maßen, kann nicht von mir lassen, klein wenig, gar nicht.«

Sollte man mit dem Ergebnis nicht zufrieden sein, dann greife man zur nächsten Blüte oder weiche auf andere Pflanzen aus. Und immer so weiter, bis die Pappel leergepflückt und die Wiese blütenlos und karg.

Hexenschleim

In diesem Kapitel möchte ich Ihnen ein jahrhundertealtes Geheimrezept verraten, das gegen jedes Zipperlein hilft. Es wurde nie aufgeschrieben, wurde aber von Kind zu Kind weitergegeben, um der bösen Mächte Herr zu werden oder sonst wie zu zaubern. Es ist ein uraltes Rezept für den sagenumwobenen Hexenschleim:

Zutaten:
ein Eimer oder eine Schüssel
ein Stock
Wasser
und: was man so findet

Rezept: Man nehme ein Behältnis seiner Wahl (um Ärger mit den Eltern zu vermeiden, sollte man auf nie nie nie wieder verwertbare Behältnisse wie Mörteleimer, Plastikmülleimer oder aussortierte, auslaufsichere Blumentöpfe zurückgreifen), befülle dieses mit Wasser und nach und nach mit allem, was eine Hexe eben so für ihre Suppe brauchen würde. Gras, Sand,

Laub, Äste, Schnecken mit Schwimmbrille, Beeren, Zeitung, Blumen, Haarspangen, Socken, vergessene Ostereier. Ein Löffelchen Erde, damit es ekliger aussieht. Man rühre die »Flüssigkeit« so lange, bis alle Zutaten gut miteinander vermischt sind. Eine kleine Prise »Spüli«, damit es schäumt. Dann kostet man sie »im Spiel« und verbessert den imaginären Geschmack mit allerlei »Gewürzen«. Je nach gewünschter Zauberintensität kann der Trank in Farbe und Konsistenz beliebig variiert werden. Und hier gilt das Gleiche wie bei der Eigenherstellung von Parfum: Je länger der Fond in adäquater Temperatur »ziehen« kann, desto besser schmeckt er der Hexe. Dann stelle man den fertigen Trank mitten auf einen Tisch im Freien, ich wiederhole: im Freien. Stelle einen Stuhl davor und lege einen Löffel daneben. Dann warte man auf Vollmond. Die Oberhexe wird sich über den Hexenschleim hermachen und ihn mit sabbernden Mundwinkeln verkosten. Und je stärker er stinkt, je widerwärtiger er aussieht, desto giftiger ist er für die Oberhexe, die nach tausend Vollmonden elendig und qualvoll an dem Hexenschleim aus eigener Herstellung zugrunde gehen wird.

Hänsel und Gretel

»Komm, wir gehen in den Wald!«

Bei diesem Spruch stecken computeraffine Stubenhocker schnell ein paar helle Kieselsteine oder zur Not auch Brotkrumen ein, denn was kann man im Wald schon machen, außer ausgesetzt zu werden?

Na ja, zuerst mal atmen, dann stirbt man weniger schnell.

Und was brauchen wir sonst noch? Nichts. Nur bei der Wahl der Kleidung sollten wir bedenken, dass es günstige und weniger günstige Roben gibt. Überlassen Sie dem Kind die Wahl der Schuhe, und ich schwöre Ihnen, dass das kleine Fashionvictim schnell begreifen wird, dass man mit Flipflops wunderbar Dornen sammeln, aber nicht besonders gut auf einem Baumstamm balancieren kann. Und auch blutsaugende Insekten lassen sich um ein Vielfaches leichter von langen Hosen pflücken als aus der Epidermis. Achten Sie bei einem Waldspaziergang darauf, dass das Kind nur im verhassten Sonntagsdress geht, denn sobald dieser schmutzig und zerrissen ist, kann er beim nächsten Mal mit gutem Gewissen wieder angezogen werden. So, und nun noch das »Erste-Hilfe-Päckchen für unterwegs« und schon kann's losgehen.

Gefahr aus dem Unterholz: Im Wald muss man nicht auf den Wegen bleiben, man muss auch keine lange Strecke zurücklegen. Man muss nur schnell laufen können (über 60 km/h), wenn eine Wildsau sich und ihre Frischlinge belästigt fühlt, und man muss genügend Geduld haben, um das Kind aus einem aus dem Nichts aufgetauchten Stacheldrahtzaun zu pulen (hierbei kann auch die mitgeführte Zeckenzange behilflich sein).

Von einem Käfer angepinkelt zu werden oder die vor Angst ausgeworfenen Exkremente eines Regenwurms auf der Hand zu haben ist übrigens weitaus ungefährlicher, als von einem Tier gekratzt oder gebissen zu werden, auch wenn so manches Kind Sie durch sein angeekeltes Geschrei vom Gegenteil überzeugen will.

Der zirka vier Meter hohe Riesenbärenklau und die feingeästelte, behaarte Ambrosia sind giftige Pflanzen, die schon bei Hautkontakt äußerst unangenehme Reaktionen auslösen können und nur berührt werden sollten, wenn man den hübschen alleinstehenden Hautarzt ganz schnell wiedersehen will.

Dem allseits gefürchteten Fuchsbandwurm kann man eine neue Heimat in körpereigenen Organen schenken, indem man sich einfach alles in den Mund steckt, was nach Essbarem aussieht, und dabei auf jegliche Hygiene verzichtet. Die geschlüpften Larven können sich dann auf die Reise machen und alles zerstören, wozu sie Lust haben. Ich schlage vor, vielleicht DOCH mal in die liebevoll gefüllte Tupperdose von Mama zu gucken, ob da nicht hygienisch einwandfreie, fuchsbandwurmreduzierte Lebensmittel beherbergt sind. Und ein Apfel in der Jackentasche ist garantiert frei von Fledermaustollwut.

Zu guter Letzt sollte noch ein Tier erwähnt werden, das sich weder als Forschungsobjekt noch als Haustier besonders gut eignet: der Prozessionsspinner. Als possierliche Raupe trägt der äußerst gesellige (daher auch der Name) Prozessionsspinner Gifthaare und ein Hautkontakt mit diesen kann ziemlich unangenehm werden. In bekannten Verbreitungsgebieten von Prozessionsspinnerpopulationen gilt: Eichen sollst du weichen!

Wenn man sich der Gefahren im Wald bewusst ist und sie zu umschiffen weiß, dann kann man sich hemmungslos dem Entdecken von versteckten Tierbauten, Sammeln von giftigen Pilzen und Befühlen der Natur hingeben. Insekten tummeln sich in und unter Baumstämmen, unter Moos und meistens genau unter dem Platz, an dem man sich erschöpft durch den Hundertfünfzig-Meter-Marsch vom Auto auf den Waldboden hat fallen lassen. Und wenn man schon mal liegt, kann man sich auch mal umsehen, was da so liegt und was man damit alles machen kann: zum Beispiel ein Tannenzapfen zum Üben der Auge-Hand-Koordination = werfen. Ein Stock zum Wandern, Schlagen, Klopfen oder um andere Kinder vor sich herzutreiben wie eine Kuhherde beim Abtrieb. Und wo wir gerade bei Kühen sind: Eine Glocke um den Hals der Kinder ist im Wald gar keine SO schlechte Idee.

Eicheln oder Kastanien eignen sich hervorragend als Munition oder Ballersatz, die Rinde eines toten Baumes zum Abknibbeln. Wer macht den höchsten Stöckchenstapel, wer kann das stabilste Häuschen bauen. Spiele, die keine große Organisation und Vorbereitung von PowerPoint-Präsentationen erfordern, sind bei uns Erwachsenen die beliebtesten. Und die Dinge, die als Spielmaterial im Wald herhalten müssen, verbleiben meist im Wald und müllen nicht die eigene Wohnung zu. Ein Hoch auf den Wald. Sie müssen sie nur tief genug hineinführen und vorher die Kieselsteine aus den Taschen leeren.

Spielzeuge, tot oder lebendig

Das »Spiel« mit KLEINEN TIEREN (alles, was kleiner ist als Mäuse) verschafft dem Kind eine faszinierende Art des Machtgefühls. Die Tiere sind klein und hilflos, sagen nicht »Nein«, und wenn sie einem nicht gehorchen, latscht man einfach drauf. Aber sie leben zu lassen und ihnen ihren Willen aufzudrängen ist noch viel befriedigender. Endlich macht mal jemand, was das Kind will, ohne Widerworte. Kinder leben lange in dem Glauben, dass Insekten, Weichtiere oder Amphibien ausschließlich zu ihrer Unterhaltung existieren. Sie malen mit Edding Nummern auf Schneckenpanzer und veranstalten ein Schneckenwettrennen über verschiedene Untergründe und Hindernisse. Sie lassen SCHNECKEN über Messer kriechen und treten so den Beweis an, dass diese unverwundbar sind. Mal abgesehen von ihren natürlichen Feinden: Salz und kleinen tollpatschigen Füßen. Schnecken sollen sogar Abgründe überwinden können. Oder die kleinen Greenpeacebuttonträger schreiben Namen auf das Schneckenhaus, um sie nicht zu verwechseln und der Welt zu zeigen, dass man von nun an Schneckenmama/-papa ist. Sie bauen ihnen kleine Nester und tragen sie mit sich spazieren. Sie bauen kleine eingezäunte Ranches und verbringen den Nachmittag damit, sie immer wieder unsanft hineinzuschubsen, wenn sie ausbüchsen wollen. Andere Kinder betreiben eine Schneckenzucht, und auf die Frage, wer Mama- und wer Papaschnecke ist, kommen sie so in den Genuss einer gestammelten Erklärung von einem Erziehungsberechtigten: »Äh, ja, weißt du, die ... äh, das, also ... die sind ... ja, ähm, also die können beide Babys, also ... ähm, da ist es egal, wer ... na ja, die können sich entscheiden, wer ... ach, frag doch Papa!«

Insekten ausschließlich zu beobachten und nicht selbst in das Geschehen einzugreifen stellt eine große Herausforderung an die kindliche Geduld. Aber ein bisschen Macht möchte ja jedes Kind haben, und da kann man ruhig mal ein kleines INSEKTARIUM bauen, eine Raupe hineinwerfen, viele Blätter dazu, einmal umrühren und warten. Und mit viel Glück, ein paar Luftlöchern oder einem Netz vor der Öffnung und der richtigen Nahrungsauswahl (Brennnessel beim »kleinen Fuchs«) schwebt tatsächlich nach einigen Wochen geduldigen Wartens – Achtung, nach der Verpuppung passiert zwei Wochen überhaupt nichts, also nicht wegschmeißen – ein wunderschöner Schmetterling durch den Raum. Oder es latscht ein frisch geschlüpfter, kleiner, unscheinbarer Käfer desorientiert und auf der hilflosen Suche nach einem Paarungspartner durch die Weiten des Insektariums.

Eine AMEISENFARM (Formicarium) eignet sich ebenso hervorragend, um den dringenden Wunsch nach Haustieren zu befriedigen. Ich gebe aber zu bedenken, dass das Streicheln und Kuscheln, genau wie bei anderen Kleinstlebewesen, einen hohen Anspruch an Schnelligkeit und Geduld stellt. Eine Ameisenfarm zu bauen erfordert nicht unbedingt das gleiche handwerkliche Geschick wie ein Baumhaus, aber auch hier kann eine männliche erwachsene Bezugsperson durchaus hilfreich sein. Suchen Sie sich Anleitung im Internet oder bei dem Myrmekologen Ihres Vertrauens, und los geht's. Aber eines kann ich Ihnen jetzt schon sagen: Öl an den Wänden des Formicariums, um einen Ausbruch zu vereiteln, kann die Tracheen verstopfen und somit Ihre Lieblingsameise ersticken.

REGENWURMZUCHT: Behälter mit Erde (großes Glas), ein paar Regenwürmer rein. Biomüll dazu. Warten. Ab und zu schmirgelt sich mal ein Regenwurm beim Löchergraben an der Glaswand entlang, sodass man ihm wenigstens kurz winken kann. Regenwürmer eignen sich wieder nur bedingt als Haustiere oder Spielkameraden. Kleidchen rutschen immer gleich ab, sie gehorchen nicht und beim Knuddeln gehen sie meistens verloren oder kriechen danach nicht mehr so ambitioniert.

GRASHÜPFER zu fangen ist eine schwierige Angelegenheit.

Sie wollen nämlich nicht gefangen werden. Und wenn man endlich einen hat, kann man es schlecht beweisen, ohne dass er wieder weg ist. »Ich hab einen!« »Zeig mal.« Hühüpf. Man kann sie natürlich in einem Behältnis mit verschlossenem, luftlöchrigem Deckel gefangen nehmen, sollte aber jedem Hüpfer einen winzigen Helm aufsetzen, denn sie werden auch im gedeckelten Knast weiter hüpfen. Ich warne davor, Grashüpfer am Weghüpfen zu hindern, indem man ihnen Beine ausreißt. Irgendwie wird er trotzdem hüpfen, und ein verkrüppeltes Insekt mit Helm und nur einem Bein, das fleht um finale Erlösung.

FROSCHLAICH steht unter Naturschutz. Das bedeutet, dass man GAR NICHTS damit darf. Nicht sammeln, nicht rühren, nicht aus seinem Wasser entnehmen. Wussten wir das früher? Haben wir nicht alle mal eine gute Hand voll glibbriger Froscheier in eine Salatschüssel geworfen und gewartet, dass was draus wächst? Dieser Spaß und diese endlose Übung in Geduld bleiben unseren Kindern heute vorenthalten. Außer die Lehrkräfte bekommen eine Sondergenehmigung und dürfen den Laich zu Unterrichtszwecken ins Klassenzimmer schleppen. Haben sich unerbittliche Forschungsfanatiker doch mal illegalerweise über das Bundesartenschutzgesetz hinweggesetzt, so sollte schnell ein Stöckchen in die Schüssel rein, damit den Fröschlein zur Flucht aus ihrem gläsernen Gefängnis verholfen werden kann. Oder besser noch, sie sollten gleich ins Freie gebracht werden, damit sie sich nach der Metamorphose zum Frosch weiter vermehren und viele Eier legen für die nächsten kleinen gesetzesuntreuen Naturforscher. Und sie sollen nicht versehentlich im Staubsauger einer unkonzentrierten Putzkraft einen würdelosen Tod finden. Also in einer Schüssel raus in den Garten, Stöckchen rein und warten. Und eines Morgens sind sie alle weg, der längst überfällige Rasen im Garten auf eineinhalb Zentimeter getrimmt, und von ferne hört man das Wehgeschrei der Krötenmutter über die zerhäckselten Leiber ihrer flügge gewordenen Fröschlein.

Man sollte generell keinem Tier den Ausbruch aus einem für ihn bestimmten und vor Menschen sicheren Territorium ermöglichen. Nie. Das endet in 99 Prozent der Fälle mit dem Tod. Wir hatten ein Aquarium. Mit Fischen und zwei Krebsen. Und eines Tages war es nur noch einer. Hatte der andere ihn verspeist? Ich suchte das Wohnzimmer ab. Nichts. Auch in der übrigen Wohnung keine Spur. Zwei Tage später ging ich in den Keller. Eine Treppe, um die Kurve, noch eine Treppe. Tür auf. Kreisch. Da lag auf dem Boden vor dem Konservenregal ein kleines braunes Ding, ein Ärmchen mit Greifschere hilfesuchend in meine Richtung gestreckt und die Stielaugen traurig zu einem verzweifelten Dackelblick verzogen. So lag er da und rührte sich nicht. Ich stupste ihn an. Vertrocknet.

Ähnlich traumatisch beschloss meine schwarze Maus eines Tages ihr Leben zu beenden. Ich war noch ein Kind und hatte keine Freunde. Zumindest keine, die mir Rosinen aus der Hand pickten. Deshalb mussten Mäuse her. Zwei. Hänsel und Gretel.

Wer weiß, vielleicht würde ich eines Tages mal in eine Hungersnot kommen und müsste auf meine Haustiere als Nahrung zurückgreifen. Ich fütterte sie also, was das Zeug hielt. Nur Gretel blieb schlank und zwängte sich eines Tages durch die Gitterstäbe, um Hilfe zu holen. Und ward nie mehr gesehen. Hänsel wurde gehätschelt und gepflegt und starb eines natürlichen Verfettungstodes am Ende seiner Tage. Erst als wir auszogen und die Waschmaschine im Keller von der Wand gerückt wurde, glotzte mich eine zerquetschte, kleine weiße Mausleiche von unten herauf an. Selber schuld. Und die Überlebenschancen von Hamstern außerhalb ihres Käfigs sinken mit steigender Anzahl der Kinder in einem Haushalt. Denn nicht jedes Kind weiß immer über den momentanen Aufenthaltsort des Kleintieres Bescheid und hüpft also frohen Gemüts durch die Wohnung. Hüpf, hüpf, ups.

»Was wünschst zu dir denn zum Geburtstag?« »Ein PONY.« Seit ich sprechen kann, gehört dieser Wunsch zu den dringlichsten in meinem Leben. Auch heute noch ist die Antwort immer die gleiche: »Ein Pferd.« Und dieser Wunsch steht für Unerfüllbarkeit und Realitätsverlust. Niemals hätte ich ein Tier mit diesem Kosten- und Zeitaufwand bekommen. Gut so. Viele Mädchen, die dem Puppenalter entwachsen sind, wenden sich dieser Leidenschaft zu. Pferde sind groß und stark. Sie sind schmusig und geben keine Widerworte, sprechen keine Verbote aus. Man kann sie versorgen und fühlt sich wichtig, verantwortungsvoll und kann mit ihnen stundenlang reden. Das Mädchen übt sich in seiner Versorgerrolle als zukünftige Mutter und redeaffine Ehefrau. Und manchmal kann man auf Pferden auch reiten. Nun ja, ich war selbst nie so der Pferdekuschler und auch nicht der, der Pferde als nonverbale Kommunikationstestobjekte benutzte. Ich wollte reiten und meine Macht über ein vielfach größeres Wesen ausüben. Und deswegen bastelte ich mir ein Steckenpferd. Mit einem richtigen Kopf, aus Holz ausgesägt. Und abgefeilt. Und mit einer angemalten Mähne. Und mit einer Trense. Und als ich endlich aufsteigen konnte, merkte ich, dass man sich manchmal die Mühe sparen kann. Der Kopf war viel zu schwer, dadurch kippte der Stock zwischen den Beinen immer nach vorne. Es war ein emotionales Desaster. Der Umgang mit Pferden (oder mit der Vorstellung davon, eines zu haben) ist für junge Mädchen ein wichtiger Schritt auf dem Weg zum Erwachsenwerden. Und wenn sie genug geschritten sind und gehätschelt haben, dann können sie sich endlich den wirklich wichtigen Dingen des Lebens zuwenden: Jungs.

Sandige Träume

SAND ist der Stoff, aus dem Kinderträume sind. Aber warum spielen Kinder so gerne im Sand? Weil sie Spaß am kreativen Gestalten haben. Weil Sand in seinen verschiedenen Trockenheitsstadien immer wieder neue Spielmöglichkeiten hervorbringt. Und weil der Klimawandel die Ausbreitung der Wüste vorantreibt und die Kinder sich schon mal daran gewöhnen sollten, im Sand zu spielen.

Der SANDKASTEN. Ein Sandkasten ist ein Muss in jedem Garten mit Kinderfrequentierung. Und wer keinen Garten hat, der kommt nicht darum herum, seine Kinder in das nächste Sandloch zu stecken. Das ist wichtig. Nicht nur für die gestalterische Entwicklung, sondern auch für die Gesundheit. Von der gemeinsamen Nutzung dieses EINEN Ortes durch Tier und Mensch profitieren beide Parteien gleichermaßen positiv. Der Mensch, der ununterbrochen an diesen Plätzen mit Krankheitserregern, mit tierischen Kotrückständen oder anderen Exkrementen konfrontiert ist, regt sein Immunsystem an, Abwehrkräfte zu entwickeln. Er wird seltener krank. Und die Katzen, tja, die haben einen Platz zum Sch…

Ein Sandkasten muss nicht unbedingt eingerahmt und schick sein. Im Prinzip reicht schon eine kleine Ecke, in die ein Sack Sand aus dem Baumarkt geleert wird, ohne Schischi. Das Vergnügen ist allerdings nur von kurzer Dauer, denn Kinder sind grundsätzlich der Meinung, dass Sand verteilt und mit dem erdigen, vormals unsandigen Untergrund zusammengeführt werden muss. Also lieber den Sandkasten einfassen, Plane drunter und Sonnensegel drüber. So abgegrenzt und mit ABSPRUNGBALKEN versehen, kann ein Sandkasten auch zum Weitsprung genutzt werden. Nur sollte man dabei die Körpergröße und sportliche Fähigkeit in Relation zu der Größe des Sandkastens setzen. Sonst erübrigt sich schnell die puffernde Wirkung des weichen Sandes und man kann »ÜBER den Sandkasten springen« spielen und seine Mittelfußknochen aus der Holzumrandung puhlen.

Und jetzt mal zu den Spielmöglichkeiten mit den verschiedenen Eigenschaften des sandigen Goldes. Ich beschränke mich hierbei nur auf den handelsüblichen Spielsand aus dem Baumarkt, denn Baustellensand ist zwar preiswert, aber die Formbarkeit lässt aufgrund seiner Grobkörnigkeit doch sehr zu wünschen übrig.

TROCKENER SAND rinnt wunderbar durch alles und an allem herunter. Das Erste, was jeder macht, wenn er am Meer die Schuhe ausgezogen hat und den weichen Sand unter seiner noch nicht ganz dicken Hornhaut spürt, ist, eine Handvoll beigefarbene Körnchen zu greifen und zu sehen, wie sie durch die Faust auf die Erde rieseln. Wunderschön. Unaufhaltsam. In unseren Breitengraden gibt es leider selten Tage, an denen der Sand im Sandkasten so trocken ist, dass er rieselt. Meistens halten sich die kleinen Körnchen aneinander fest. Adhäsion. Also ist trockener Sand wertvoll. Die Spielzeugindustrie stellt für den Rieselgenuss ausgeklügelte Kinderunterhaltungsprodukte bereit. An die Stelle eines alten Trichters aus Mamas Küchenschrank, wie wir sie damals hatten, tritt ein Hightech-Sandwasserrad mit ineinander verzahnten Schaufelrädern. Der Spaß verebbt dann aber wieder schnell, sobald die ersten aneinanderklebenden Körnchen den vorgesehenen Zugang bzw. Trichter verstopfen. Auch ein wildes Nachstopfen mit Ästen oder spitzen Gegenständen ist auf die Dauer ermüdend, weil es keine sichtbaren Erfolge bringt. Man schüttet und stopft, schüttet und stopft. Auch ein Sieb kann da nur wenig Abhilfe schaffen, denn klebriger Sand bleibt klebriger Sand. Ich habe den Zweck eines Siebes sowieso nie verstanden. Man siebt und der Dreck (Laub, Steine etc.) bleibt im Sieb hängen. Und dann? Wenn meine Kinder ihrem Sortier- und Ordnungswahn nachgeben wollen, dann bitte im Kinderzimmer und Kleiderschrank.

Trockener Sand wurde von mir immer als Puderzucker auf einem matschigen Sandkuchen verwendet. Der nahm die Feuchtigkeit an und musste nachgepudert werden. Und wieder und wieder. Welch ein stupides Spiel, werden Sie sagen. Und wenn ich so darüber nachdenke …

Mit trockenem Sand kann man sogar die Windrichtung bestimmen, indem man aufmerksam beobachtet, wo der rieselnde Sand vorrangig hingeweht wird. Man kann aber auch einfach das Handtuch am Strand ausschütteln und sehen, welche Strandnachbarn sich lauthals beschweren. Man kann auch eine Handvoll Sand nehmen und sie in die andere rieseln lassen und wieder in die andere und zählen, wie viele Male das geht und welche Rieselhöhe welchen Verlust des Sandes verursacht. Das habe ich tatsächlich gemacht. Es vereint Meditation und Wissensdurst. Wobei bei mir die Gier nach Wissen immer alles andere unterdrückt hat. Und, hat es was genützt?

Um seinen Forscherdrang mithilfe von Sand zu befriedigen, kann man noch weiter gehen. Experimente am lebenden Objekt sind da zwar aus Sicht der Tierschützer absolut verwerflich, aber aufschlussreich hinsichtlich der Fähigkeiten und Verhaltensweisen von Kleinstlebewesen. Wie lange braucht eine Ameise, bis sie sich unter einem trockenen – oder im Gegensatz dazu unter einem feuchten – Sandhaufen hervorgebuddelt hat? Kann eine Schnecke auch über trockenen Sand schleimen? Kann sich der kleine Bruder ohne Hilfe aus dem Sandloch befreien? Die Ameise bleibt übrigens ziemlich lange unterm Sand liegen, wenn er recht schwer und feucht ist, hab ich gehört.

FEUCHTER SAND bietet in Kinderhänden sehr viel mehr Möglichkeiten, um sich entfalten zu können und stundenlang zu beschäftigen. Wasser und Sand sind eine tolle Kombination für jegliche Art von Forschung, Konstruktion und Kreation. Mit einfachsten Mitteln können Wasserbahnen (z. B. mit Plastiktüten) oder Städte aus Rinde, Gras, Stöckchen oder Tannenzapfen entstehen. Mit feuchtem Sand lassen sich Berge auftürmen, die als Murmelbahn ausgebaut werden können. Ganz zu schweigen von dem klassischen Tunnelbau durch einen Berg. Kinder lernen dabei viel über Belastbarkeit und Fragilität und lernen den Wert eines selbst erschaffenen Werkes zu schätzen.

Auch hier hat die Industrie wieder ihre Augen und Ohren offen gehabt und das eine oder andere Baggerchen in Kleinformat oder die maßstabsgetreue Betonmischmaschine für Kinderhände auf den Markt gebracht. Plastikbohrer, um tiefe Löcher zu bohren, damit die Hände nicht schmutzig werden. Es ist schließlich viel männlicher, etwas mit einem Gerät zu bearbeiten als mit den eigenen Händen. Es gibt auch Förmchen aller Art, damit man nicht eigenkreativ werden muss. Vorgefertigte Burgenförmchen und Zinnen, die aneinandergesetzt werden, um die Fantasie nicht zu sehr zu belasten. Selber Lösungswege zu finden, wie ein Turm stabil gemacht und hübsch werden könnte, wie eine Brücke konstruiert werden sollte, damit der Soldat darauf stehen kann und die Horde Pferde darübertrampeln kann, wäre ja auch viel zu anstrengend und zeitraubend.

Beim Bau eines mehrstöckigen Kunstwerkes sollte jedenfalls die bedingte Stabilität von herkömmlichem Sand beachtet werden. Ab einer gewissen Höhe brechen die Träume in sich zusammen. So wie alles, was aus Sand gestaltet wird, eine endliche Verweildauer auf dieser Erde hat. Das ist gut, weil die Kinder mit Frustration umzugehen lernen, und noch besser für die Eltern, weil die Werke unter normalen Umständen nicht mit ins Haus genommen werden können.

Außer natürlich der SANDKUCHEN. Von seinen Kindern zu Sandkuchen und Kaffee am Sandkasten eingeladen zu werden erfordert ein gewisses Maß an schauspielerischen Qualitäten und vor allem keine Zuschauer. Ich glaube auch nicht, dass Kinder tatsächlich Spaß am »Kuchenbacken« haben, sondern vielmehr köstlich amüsiert sind, wie sich Erwachsene beim Anblick eines Häufchens festen Sands begeistern können: »Mmmmmh, das sieht ja lecker aus!« Und wie sie es dann stückchenweise an ihren Mund führen und so tun, als würden sie es essen, und dabei noch einmal zu emotionalen Höchstleistungen imstande sind: »Och, wie leeecker, das schmeckt ja himmlisch, das hast du aber fein gebacken!« Dann bietet das Kind einen Kaffee in Gestalt eines mit Wasser und Erde gefüllten winzigen Behältnisses an und ergötzt sich an der darauffolgenden Show. Als meine Tochter zarte drei Jahre alt war, musste ich eine Sei-gefälligst-fantasievoll-Diskussion mit ihr führen. Ich ermunterte sie im Sandkasten dazu, endlich mal einen »Kuchen« zu »backen«. Aber sie wollte keinen Kuchen backen, den man nicht essen kann. Ich fragte nach: »Bist du sicher?« Zur Kontrolle stopfte sie sich etwas davon in den Mund, kaute kurz, und wir einigten uns darauf, dass man Sandkuchen nicht essen kann. Einige Monate später, als die Nächte lang wurden und die Tage kurz, öffnete ich den Ofen und holte etwas heraus. Vom Geruch angelockt, standen plötzlich beide Kinder vor mir: »Was hast du da?« »Das ist Sandkuchen.« Oh.

Sandkuchen ist aber ja nur eine der vielen Gestaltungsmöglichkeiten, die Sand in »klebriger« Konsistenz bieten kann. Man kann Kugeln formen und einander bewerfen. Dabei findet man schnell heraus, wie man sie schön hart machen kann. Und Sandkugeln in weicher, schlammiger Konsistenz eignen sich hervorragend, um ungebetene Sandkasteneindringlinge zu vertreiben. Mit fein gekörntem Sand und etwas Geschick kann man kleine Bäumchen zaubern. Man greift eine Handvoll Sand aus einem Wasserbecken (Eimer oder Pfütze) und lässt das »Material« an einem Finger auf den Boden rinnen. Nach ein paar Wiederholungen entsteht ein wunderschöner kleiner Baum, der mit etwas Fantasie aussieht wie ein mit Schnee bedeckter Tannenbaum. Und das kann man dann am Strand zur Perfektion treiben und in einem solchen Ausmaß, dass es eine Freude ist zu beobachten, wie Strandspaziergänger vorsichtig zwischen den Bäumchen durchtippeln oder ins Wasser ausweichen müssen, um dieses mühevoll erschaffene Kunstwerk nicht zu zerstören. Das übernimmt die nächste Welle.

Im Zuge meiner Recherche bin ich auf ein äußerst interessantes Thema gestoßen: Die SANDSPIELTHERAPIE. Dabei wird ein eingerahmter Bereich in der Fläche eines Tisches und in der bequemen Höhe eines Tisches mit Sand gefüllt und es werden Figuren und Material zum Spielen angeboten. Das Kind soll so das, was es (oder den Erwachsenen) aktuell beschäftigt, spielerisch ins Bewusstsein holen können. Das Kind verarbeitet seine Gefühle und Probleme und spielt sie aus. Natürlich habe ich das Ding nachgebaut. Nicht dass meine Kinder irgendwelche Dinge aufzuarbeiten hätten … neeein, sie haben ja MICH. Blaues Krepppapier unten rein, damit es wie Wasser aussieht. Feinster Quarzsand oben drauf. Oh, ist der schön fein. Ein Traum. Und dann losspielen. Bauen und beobachten. Tatsächlich entstehen die tollsten Geschichten, an denen ein Psychologe seine wahre Freude hätte. Nun ja, ich warne vor Überinterpretation. Meine Tochter warf ein winziges Babypüppchen ohne Unterkörper in den Sand und sagte »Das ist ein Baby, da sind die Beine schon abgefallen, und das wird automatisch ins Grab katapultiert. Der Schatz hat nämlich magische Kräfte.« Während mein Sohn alle Figuren, die zur therapeutischen Familienaufstellung zur Verfügung standen, bis zum Hals in den Sand drückte und Dinosaurier, Hühner und Schweine obendrauf stapelte.

Edelsteine

STEINE sollten eigentlich unter jedem Weihnachtsbaum liegen. Steine sind neben einem Seil, einem Ast und einer One-Way-Zugfahrkarte zu den Großeltern so ziemlich das Nützlichste, was man den lieben Kleinen schenken kann. Denn mit Steinen kann man sich Stunden über Stunden beschäftigen, wenn man denn nicht darauf angewiesen ist, dass alles eine Taste haben muss, mit dem man spielt. Die haben sie nämlich nicht. Oder vielleicht doch? Meine Tochter hatte mal einen Stein gefunden, der in der Mitte eine rechteckige Verfärbung hatte. Sie steckte ihn ein und sagte: »Jetzt habe ich meinen Fernseher immer dabei.« Und mein Sohn (6) hob einen Stein auf und stellte vor: »Schau mal, ein Fotoapparat.« Hä?

Mit Steinen kann man so ziemlich alles spielen, was man auch mit Spielsteinen spielen kann. Und ich meine das genau so. Man braucht keine Spielesammlung mit Hütchen und Kegelchen. Man braucht lediglich zwei unterschiedliche Steinfarben oder solche, die einander in einem auffälligen Merkmal gleichen. Das können Farben, Formen oder Größen sein. Wichtig allein ist »deine« – »meine« – »seine«. Damit man am Ende des Spieles leichter feststellen kann, bei welchem Mitspieler sich kognitive Defizite manifestieren, das heißt: »wer der bedauernswerte Loser ist«. Hat man sich also für seine »Spielsteine« entschieden, kann man munter drauflosspielen. Ich plädiere für Mühle, denn dazu braucht man nicht einmal einen Würfel. Je einfacher die Regeln, desto mehr Instantspaß hat man. Ein Kind, neben einem Haufen Steine abgestellt, braucht nicht lange, um Ideen zu entwickeln, wie es seine Synapsen verbinden kann. Es baut Türme, die nicht umfallen dürfen. Oder es werden aus den Steinhäufchen vorsichtig Steine einzeln herausgezogen, und bei wem der Haufen wackelt, der hat verloren = Steinemikado. Steine kann man mit Steinen bemalen oder bekratzen. Einer von beiden hat immer einen stärkeren Abrieb als der andere. Nur der Untergrund sollte sorgfältig gewählt sein. Autolack oder eine Parkbank sind ungeeignete Untergründe im Hinblick auf den Werterhalt. WEITWERFEN oder ZIELWERFEN mögen für den gelangweilten Erwachsenen mit Rückenproblemen unattraktiv klingen, führen aber immer noch die Spitze der Beliebtheitsskala der Kinderbeschäftigungen an. Einen Gegenstand zu treffen, sei es ein Baum, ein Eimer oder ein schwimmendes Blatt im Fluss, schafft eine enorme Befriedigung, schult die Auge-Hand-Koordination, das Begreifen von Raum und in diesem Zusammenhang das Einschätzen von Entfernungen.

Aber Steine weisen auch noch andere Spieleigenschaften auf, als nur als schnödes Wurfobjekt dienlich zu sein. Dadurch, dass kein Stein dem anderen gleicht, bleiben sie einzigartig und unverwechselbar. Man kann sie bemalen oder darauf spucken, um zu sehen, wie sich die Farbe ändert. Man kann sie sammeln, zum Bedauern der Eltern, die meistens so gar kein Verständnis für die Faszination von Steinen aufbringen können. Vor allem, wenn die Steinsammlung das Eigenheim sukzessive in ein Kieswerk verwandelt. Das Unverständnis und der Unmut der Eltern wachsen mit der Anzahl der grauen kleinen Objekte in allen Ecken, Schubladen und unter Autositzen. Ein kleiner Tipp: Steine sind wetterfest, die können auch draußen gelagert werden. Das Blatt wendet sich übrigens ganz schnell, wenn das Kind sich als Verkaufstalent entpuppt und für die »echten« Meteoriten und wertvollen Einzelstücke mit »echten« Goldanteilen bares Geld nach Hause bringt.

Picasso – oder was?

Zum Malen braucht man nur eines: Lust. Malen kann man mit allem, was sich in der Umgebung befindet. Mit Spucke, mit Kohle, Steinen, Erde, Zahnbürste, mit Blumen, mit Blut.

Malen ist ein Spiegel der Seele. Malen hebt den Menschen vom Tier ab. Malen scheint eine der sinnfreiesten Beschäftigungen zu sein, denen ein Mensch nachgehen kann. Es dient nicht zur Erhaltung der Art, hat keinen fortpflanzungsideologischen Hintergrund und schafft keine Nahrung heran. Und dennoch haben Menschen das Bedürfnis, zu malen.

Der Kreativität sind gerade beim Malen keine Grenzen gesetzt. Natürlich erreicht man mit Papier und handelsüblichen Malutensilien die Ergebnisse, die von Verwandten und schulpädagogischen Einrichtungen anerkannt werden. Aber seinen innersten und aktuellsten Gedanken und Gefühlen Ausdruck zu verleihen, das gelingt auf allen Untergründen. Nun gut, man kann ein mit kreativem Erguss beglücktes Stück Erde nicht so problemlos mit nach Hause nehmen und man muss sich über die Vergänglichkeit eines Sandbildes am Strand oder im Sandkasten bewusst sein. Aber es macht Spaß, in großen Dimensionen zu wüten. Mit einem Stock riesige Fratzen oder Schriften in den Sand zu schreiben. Das vermittelt ein Gefühl für Entfernung, Perspektive und Raum. Und es lehrt den Umgang mit Verlust, dann nämlich, wenn ein Kind oder die Wellen achtlos über das Kunstwerk rollen und von dessen Existenz nur noch klägliche Sandhügelchen übrig bleiben.

Die Erwachsenenversion vom Sandmalen ist eine kleine, flache Schale mit feinem Sand gefüllt auf dem Bürotisch, in den mit einem winzigen Rechen oder Werkzeug Linien oder Muster gezogen werden können. Und da kann höchstens mal ein umgeschütteter Kaffee oder ein dicker Kollegenpo, der unachtsam auf der Tischkante Platz nimmt, das Werk zerstören.

Seinen Namen in Baumstämme zu ritzen gehört nicht unbedingt zu den von mir favorisierten kreativen Ergüssen. Aber es ist auch eine Art von menschlicher Verhaltensweise, um mit den verfügbaren Fähigkeiten sein »Revier zu markieren«. Hervorragend eignen sich auch frische Kuhfladen, in die mit einem Stock wahre Kunstwerke geritzt werden können.

Egal wo man sich befindet, man findet immer eine Möglichkeit, zu malen. Zu gestalten, seine Markierung für die Ewigkeit zu hinterlassen. Ob es Betonboden ist, auf dem man mit Steinen kratzt, ob es Erde ist, in der man mit einem Stöckchen herumstochert, eine Sandfläche, in die man mit Fingern ein paar Linien zieht. Und in Zeiten des Fotohandys kann man die Kunstwerke glücklicherweise sogar mit nach Hause nehmen.

Eigenheimzulage

Kinder haben das fundamentale Grundbedürfnis, sich einen eigenen Raum zu schaffen. Sie sehnen sich nach der Geborgenheit der Fruchtblase im mütterlichen Körper, wo noch alles in Ordnung war. Keine Kämpfe um soziale Gerechtigkeit,

um Aufmerksamkeit und um die größere Portion Nachtisch. Eine sichere Behausung, ein geschützter Raum, über den nur sie selbst verfügen können. Ein Baumhaus. Ein Bereich, aus dem sie jeden Eindringling unter Androhung von Gewalteinsatz oder mit den durch zusammengepresste Zähne gezischten wüsten Worten »Das geh ich sagen« verjagen können. Etwas, das sie selbst geschaffen haben. Oder bei dem sie, je nach elterlicher Anteilnahme und handwerklichem Geschick, zumindest ein paar Minuten interessiert zugesehen haben, wie es in stolzem Glanz und für alle Ewigkeit (also bis zum nächsten Sturm) zwischen ein paar Haselnussstämmchen zusammengeschustert wurde.

Ein Baumhaus bietet dem Kind viele wichtige Erfahrungen. Es lernt zu delegieren, indem es dem Vater genaue Anweisungen gibt, wo das Fenster, der Eingang und der Stromzugang platziert werden sollen. Sollte sich der Vater (der sich ja üblicherweise als allwissender Bauherr zur Verfügung stellt) durch fadenscheinige Ausreden aus der Affäre gezogen haben, so wird der fruchtblasensuchende Bauneuling sich in einer Situation wiederfinden, die sein weiteres Leben aufs Tiefste prägen und bereichern wird. Er muss selber ran. Je nach Alter, Kreativität und Ausdauer des Kindes kann dann ein Baumhaus Ausmaße annehmen, die böswillige Anzeigen wegen Schwarzbaus nach sich ziehen.

Nahezu jedes Material ist ihm dazu recht. Vorzugsweise aber werden herumliegende Äste, Stöcke und Zweige genommen oder die Plastikplanen, Matratzenreste oder alten Reifen der unerlaubten Müllablagerung am Waldrand. Ein Seil oder Strick könnte noch von Vorteil sein, um alles zusammenzubinden. Fertig.

Damit spielt man nicht ...

oder doch?

Müllkinder

MÜLL ist nur dann Müll, wenn er keine Verwendung mehr findet. Und für Kinder ist die Definition von Müll äußerst diskussionswürdig. Als Kind kann man ALLES benutzen und gebrauchen. Denken Sie doch mal zurück an Ihre Kindheit. Erst Ihre Eltern haben Ihnen beigebracht, dass etwas Müll oder nicht Müll war. Angefangen vom weggeworfenen Autoreifen, den man den Berg hinunterrollen lassen kann, um die Oma von ihrer Gehhilfe zu schubsen. Zwei leere Dosen, an jede links und rechts eine Schnur befestigt, die nahm man in die Hände, stellte sich auf die Dosen, und schon hatte man ein paar Dosenstelzen, deren Beherrschung Gleichgewicht und Konzentration erforderte. Kostet nix, im Gegensatz zu den industriell gefertigten Plastikeimerchen mit griffigem, weichem Seil, die auf jedem Straßenfest die Kinder zum Punktesammeln anregen wollen.

Produktrecycling ist das Schlagwort, das uns in jungen Jahren mehr als Hunderte schöner Spielsachen beschert hat. Heute spielen Kinder »Mülltrennung« im Internet als pädagogischer Ansatz für umweltorientierte Erziehung. Das ist ja auch nett, aber wenn diese Kinder eine Plastikverpackung auf der Straße sehen, suchen sie eher nach der Computermaus, um sie wegzuklicken, anstatt den Müll aufzuheben und wegzuwerfen. Ich gebe zu, dafür gibt es ausgebildetes Fachpersonal, das sich um ortsuntreuen Müll kümmert, aber so ein bisschen eigene Verantwortung für die Umwelt hat noch niemandem geschadet.

Kinder lieben es, zu erfinden, Ideen umzusetzen und zu entdecken. Kindern wohnt es inne, ihre Umwelt für sich zu benutzen. Und wir müssen sie dazu anhalten, dies zu tun. Ein kreatives Kind ist ein denkendes Kind, und das schafft wertvolle Verbindungen im Gehirn, die für immer verankert sind und jederzeit zur Verfügung stehen. Aber der Blick für die Möglichkeiten eines Gegenstandes muss geschult werden. Hätten Sie gewusst, dass man einen Kelch aus einem Kaugummipapier drehen kann und ihn mit einem kräftigen Luftstoß umgekehrt aus dem Mund herausschießen kann, BEVOR Ihre Eltern oder Freunde es Ihnen gezeigt hatten? Oder dass man die oberste, silberne Schicht des Kaugummipapiers abziehen und auf glatte Flächen kleben kann? Ein Kronkorken kann wie ein Minifrisbee weggeschnipst werden, eine Toffifeeverpackung dient als Kasse, weil man die Knubbel so schön eindrücken kann. In Coladosen treten, sodass sie am Schuh festsitzen, und dann auf Pflastersteinen stepptanzen, erinnern Sie sich? Seitdem Pfand auf Dosen ist, werden sie aber lieber zum Getränkemarktrückgabeschalter gebracht. Gut für unsere Nerven. Schade für die Tanzausbildung der Kinder.

Während ich vor der Schule auf das Ende der Klavierstunde meiner Kinder warten musste, beobachtete ich ein paar Jungs, die den Schulhof mit Müllgreifern und Eimern von Müll befreien sollten, der von unerzogenen oder blinden Schülern neben die Abfallbehälter oder in Hecken geworfen worden war. Plumps, schon landete die erste pfandlose Flasche im Eimer. Aber schon die zweite Plastikflasche fand den Weg nicht mehr dorthin, sondern schlitterte von gelangweilten Füßen gekickt über den Beton. Sekunden später hatten sich zwei Mannschaften gebildet und der erbitterte Kampf um Tore war entfacht. Böse, böse Kinder. Ziehen die es einfach so vor, aus einem Stück

Müll ein Spielgerät zu machen, sich zu bewegen und sich durch soziale Interaktion beim Mannschaftsspiel zu messen.

Capri-Sonne-Trinkpäckchen haben die Eigenschaft, dass man sie nach dem Leertrinken aufblasen kann und wieder aussaugen. Und aufblasen, auf den Boden legen und draufspringen. Peng. Alte Kartons zu zertrampeln und das befriedigende Geräusch beim Glasflaschen-in-den-Container-Werfen, DAS ist das pure Ausleben von Zerstörungswut. Jeder hat je nach Stimmungslage zwischendurch das Bedürfnis, etwas zu zerstören, man kann auch sagen: vorsätzlich Müll zu produzieren. Das tut gut. Es darf nur niemandem wehtun. Im Laufe des Heranwachsens wird das eindringlich vermittelt. Und erfolgreich. Ich beispielsweise hatte bei meinem ersten Polterabendbesuch, bei dem Geschirr auf dem Boden in tausend Stücke zerschlagen wird, große Hemmungen, ein vollständig intaktes, blümchenberandetes Tellerchen zu werfen. Bis ich gegen Ende sogar auch die letzten, noch nicht pulverisierten Stücke vom Boden aufhob, um mich an ihrem brachialen Klang beim Zerschellen zu laben.

So, aber mal abgesehen vom Müllzerkleinern und Zerstören kann man Müll bzw. Verpackungen oder Reste von Gebrauchsmaterialien zu weitaus sinnvolleren Dingen benutzen. Wenn ich jetzt sage: »Werfen Sie nichts weg!«, dann verstehen Sie das bitte nicht falsch. Ich will keine Messies heranzüchten. Das werden sie in der Pubertät ganz von alleine. Ich will nur, dass Sie Ihre Kinder dazu anhalten, eigenkreativ zu werden und zu entdecken, was alles möglich ist und kein Geld kostet. Früher oder später landen die Kreationen sowieso in der Müllverbrennungsanlage und dann ist der finanzielle Verlust nicht so groß. Alte CDs eignen sich hervorragend, um Kreisel, Jo-Jos oder Frisbees herzustellen. Aus einem Pizzakarton kann man wunderbar ein tolles Geschicklichkeitsspiel für Murmeln basteln, indem man Löcher bohrt, die kleiner als die Murmeln sind, und versucht, diese nur durch Bewegen des Kartons hineinzubugsieren. Klorollen als Fernglas, Murmelbahn, Tröte oder Eierbecher. Tetrapack bemalt als Vase oder Joghurtbecher mit einer Schnur und einer Perle oder Kugel als Wurf-Fang-Spiel. Es ist gar nicht erforderlich, dass Sie ausgefeilte Bastelstunden einrichten, sondern nur, dass Sie den Kindern ab und zu den Blick über den Tellerrand eröffnen, ihnen die angeschleppte Plastiktüte, die so schön im Wind weht, nicht sofort aus der Hand reißen, sondern sie ermutigen, sich etwas damit einfallen zu lassen. Und wenn diese besagte Plastiktüte nur in die Luft geworfen wird und ihr sanfter Flug über die Dächer der Stadt verfolgt wird (um ihr hinterherzujagen und sie ökologisch wohlerzogen in einem Mülleimer zu entsorgen) und auch wenn sie nur mit Wasser befüllt wird, Löcher hineingestochen und als Gießkanne, Kuheuter oder Wasserbombe dient oder wenigstens zum Fallschirm umfunktioniert wird. Alles, was das eigene Denken des Kindes anregt, ist Gold für das spätere

Leben. Es beginnt selbstständig Lösungen zu finden, lässt sich nicht entmutigen, und ein denkendes Kind ist ein gutes Kind. Mit Ausnahmen.

Als wir eines schönen Herbsttages mit Rollerblades unterwegs waren, konnte meine damals sechsjährige Tochter nach wenigen Metern ganz prinzessinnenmäßig den Druck der Schuhe nicht mehr aushalten. Kurzerhand ließ ich sie auf einem Baumstamm am Wegesrand Platz nehmen, brach zwei Stück Rinde ab und bastelte ihr aus einer herumliegenden Plastiktüte und der Rinde als Sohle »Schuhe«. Damit lief sie glücklich den Rest des Weges nach Hause. Glücklich deshalb, weil die Welt für sie in diesem Moment ein Stück mehr Sinn ergab: Ein Kind versucht das, was es sieht und erfährt, in einen Zusammenhang zu bringen und in Zusammenhang mit sich selbst zu setzen. Und wenn sie ein Stück Rinde hat, das sie davor schützt, in Scherben zu treten und Erfrierungen zu bekommen, dann begreift sie, dass Bäume ausschließlich aus dem Grund existieren, uns in scheinbar ausweglosen Situationen zu helfen. Und ich trug die Rollschuhe.

Feuer!

Feuer, ein Element, eine Waffe, Wärme, Licht. An Vielseitigkeit und Faszination wohl kaum zu überbieten. Ohne Feuer gäbe es die Menschheit nicht, wie sie heute ist. Mit der Beherrschung des Feuers begann die Herrschaft des Menschen über das Tier. Was brennt alles? Wie entfacht man Feuer? Schon kleine Kinder sind davon in den Bann gezogen, wenn Eltern Kerzen anzünden. Zisch, entsteht dieses kleine leuchtende Ding, das die Eltern zwar hervorzaubern, aber mit lautem und scharfem Ton verteufeln: »NEIN! HEISS! WEG! AUA!« Und es ist da, es bewegt sich sachte, flackert bei der kleinsten Bewegung in der Luft. Eltern holen es ins Haus, aber das Kind darf auf keinen

Fall damit unbeaufsichtigt und alleine in einem Raum gelassen werden. Ja, es braucht Gesellschaft. Immer muss jemand dabei sein und darauf aufpassen. Und wenn man den Raum verlässt, muss man es töten.

Wenn der verantwortungsvolle Umgang mit Feuer endlich gelernt ist, dann eröffnet sich eine neue, wunderbare Welt für das Kind. Es darf endlich die Versuche machen, die im Buch gleich neben den Experimenten mit dem Totenkopf stehen. Und es kann endlich Essen so zubereiten, wie es in unserer Kultur üblich und wünschenswert ist. Unter steter Hitzezufuhr gebraten, gekocht oder gebacken. Es kann lernen, Verbrennungsschmerz auszuhalten, nach verbotenem, übermütigem Spiel mit dem lodernden Element.

KERZEN: Man kann verschwenderische, unnütze, stum-

melverwertende Dinge machen, wie rotes Kerzenwachs auf Papier tropfen lassen und dann kleine Füßchen daran malen. Schon hat man eine Horde süßer Marienkäferchen. Oder man tropft das Wachs in eine Schüssel oder ein Glas mit Wasser und freut sich an den skurrilen Gebilden, die entstehen. Wirklich gewinnbringend ist diese Tätigkeit nicht, aber sie lehrt den Umgang mit Kerzen und wie man eine Flamme unter Konzentration auf etwas anderes, nämlich die tropfenden Tropfen, einzuschätzen hat. Das Flämmchen wird nämlich immer größer und frisst sich unaufhaltsam weiter am Docht entlang und das Wachs rasant auf der oberen Seite ab. Den Stummel auf eine Verlängerung (Draht) aufzuspießen kann da sehr nützlich sein. Und das Gefäß mit dem »wachsenden« Kunstwerk sollte sich nach oben hin nicht verjüngen, das könnte das Kunstwerk für immer in seinem Gefängnis festhalten und die Frustrationsschwelle des Kindes überbeanspruchen. Das und das Malen mit Wachs sind nette Anregungen und auch wichtig für kreatives Entfalten, aber Wachs fällt eher in die Bastelabteilung und ist in vielen anderen Büchern in aller Ausführlichkeit besprochen. Hier erfreue ich mich an den vielen anderen Möglichkeiten, mit Wachs zu spielen. Wie lange ist es her, dass Sie einen Wachsklumpen so lange in der Hand bearbeitet und geknetet haben, bis er eine wunderbar glatte Oberfläche bekommen hat? Wachs ist das einzige Material, das diese Eigenschaft aufweist, und es ist auch das einzige Material, das warm bearbeitet werden kann und dann kälter wird und nicht wie beim Bearbeiten von flüssigem Stahl hässliche Narben hinterlässt.

Meine beste Kajalfreundin und ich waren in der Pubertät absolute Spezialisten im »Spiel mit dem Feuer«. Aber auch mit echten Flammen und mit Dingeverbrennen machten wir so unsere Experimente. Auf meinem Dachboden stapeln sich alte Briefe mit eingebrannten Löchern, verursacht durch glühende Räucherstäbchen. Patinierte, das heißt auf alt gemachte, angekokelte Papierseiten. Und in den angekokelten Briefen stehen die alten Geschichten, wie wir uns in unserem Kinderzimmer auf einer Messerschneide über einer Kerze eine Scheibe Salami brutzelten und sie wie ein Stück einer sehr wertvollen, seltenen Speise verzehrten. Seit dieser Zeit bin ich schwer abhängig von gebratenem, salzigem Fleisch in hauchdünnen Streifen. Sich kleine Öfchen zu bauen, indem man ein leeres Teelicht mittels einer Winzlingskonstruktion über ein brennendes Teelicht stellt, eröffnet einem die Möglichkeiten, sich selber delikate Süppchen mit Kräutern aus dem Garten zu kochen oder zu experimentieren, wie sich Stoffe unter hoher Wärmezufuhr verhalten, ohne sie direktem Feuer auszusetzen. Pilze schmoren, Gras köcheln lassen oder die Erfahrung machen, dass Steine auch über noch so heißem Teelichtfeuer nicht anfangen zu brennen.

Der richtige Umgang mit Feuer muss durch Erfahrung erlernt werden und natürlich sollte ein Kind nie ohne Aufsicht eines Erwachsenen experimentieren dürfen. Zeitmangel und fehlende Lust der Eltern bringen Kinder aber dazu, sich eigenständig und gegen alle Verbote mit ihren kleinen Feuerversuchen zu beschäftigen. Kinder, so wie auch manche Erwachsene, unterschätzen dann schnell die Gefahr, wenn sie nicht ausreichend mit dem Element und dessen Beherrschung vertraut gemacht worden sind. Die Kombination von Verbotenem und Experimentierfreude übt eine kaum zu übertreffende Faszination auf die Kinder aus. Wie verändern sich Materialien aller Art, wenn man sie mit Feuer in Kontakt bringt? Nun ja, das meiste verbrennt bis zur Unkenntlichkeit zu einem schwarzen Klumpen oder verflüchtigt sich. Das eine schneller, das andere langsamer. Das eine entwickelt starken Rauch, das andere schmort vor sich hin und stinkt fürchterlich. Die Erfahrung, dass ein Flummi sich nicht zum Positiven entwickelt, wenn man ihn anzündet, muss ein Kind erst mal machen, ein Plastikmülleimer kann seine Form von »rund« zu »dreieckig« ändern, und die Erkenntnis, dass Haare kein guter Brennstoff sind, kann durchaus schmerzlich enden.

Brot statt Böller

SILVESTERKNALLER wirken auf unerschrockene Jungs anziehender als pubertierende Mädchen ohne BH beim Seilhüpfen. Die martialische Gewalt, die diese »Kriegswaffen für Crocsträger« ausstrahlen, möchte von jungen und kleinen Männern beherrscht werden. Schon das ganze Jahr über freuen sie sich auf den Moment, an dem die Böller in Kategorie 1 und 2 zum Verkauf stehen. Kategorie 3 und 4 sind den ausgebildeten Pyrotechnikern überlassen, wobei ich sicher bin, dass so mancher Knallfrosch sich einbildet, auch im Umgang mit Großfeuerwerken firm zu sein. Und deshalb wird der große Bruder losgeschickt, um »richtiges« Böllermaterial zu kaufen. Kinderfeuerwerk ist doch »baby«, das hatten sie schon im zarten Alter von drei Jahren durch. Und es wird so viel gekauft, wie die Privatschatulle hergibt. Hamsterkäufe. Für Dürrezeiten. Und tatsächlich lernt das Kind hierbei ziemlich gut mit dem »Ersparten« auszukommen. Denn anders als bei Süßigkeiten oder anderen Drogen gibt es bei Böllern keinen Nachschub auf Anfrage. Und die Schätze werden gehortet und beschützt, trocken gelagert, und ab und zu wird der Deckel vorsichtig mit zwei Fingerspitzen gehoben, um die Kleinode mit leuchtenden Augen zu betrachten.

Im Folgenden werde ich einige unsachgemäße Handhabungen von explosiven Gütern anführen. Ich betone, dass ich gegen

jede Art von Böllermissbrauch bin und die anwendungsgetreue Handhabung nach Beipackzettel fordere und unterstütze. Ausreichend Hinweise und Warnungen finden sich auf der Verpackung wieder. Dennoch habe ich von einem Freund der Schwester meines Schwagers gehört, dass es eine Vielzahl von unsachgemäßen Möglichkeiten gibt, die Explosion eines Böllers zu variieren. Ein kleiner Böller kann zwischen den Beinen eines Playmobilmännchens ungeahnte Effekte auslösen. Überhaupt kann das gesamte unnütze Spielzeugequipment sukzessive in die Luft gejagt werden. Endlich haben die längst in Vergessenheit geratenen Spielzeugautos eine neue, letzte Aufgabe zur Rechtfertigung ihrer Existenz gefunden. Sie bekommen einen winzigen, unscheinbaren Silvesterknaller hinter das Lenkrad gequetscht, dann wird die Zündschnur angezündet, und sie bekommen auf freier, gerader oder/und leicht abschüssiger Fläche einen kräftigen Schubs, mögen sie rollen und explodieren und nicht unter verkehrstüchtige Personenkraftwagen geraten. Bumm.

Die klassischen Orte, an denen an Silvesternachmittagen oder an Neujahr Böllerexplosionen stattfinden, sind ja nach wie vor Briefkästen, Blecheimer, Blechgießkannen, Mülltonnen oder offene Garagen. Alles, was den Knall verstärkt, ist ein gefundenes Opfer. Und Opfer meine ich buchstäblich, denn viel ist davon meist nach einer derartigen Prüfung auf Materialbeständigkeit nicht mehr übrig. Plastikbehälter bieten von der Lautstärke her weniger Spaß, weil ihre Schalleigenschaften einfach nicht ausreichend befriedigend sind, dafür, sagen wir mal, »ändern« sie aber leichter ihre Form nach einer Explosion. Ebenso hat das Explodierenlassen eines vollen Staubsaugerbeutels eine gewisse Attraktivität. Wunderkerzen in ein Glas zerbröselt lassen das Glas schmelzen und eine leere Metallkugelschreibermine mit Streichholzköpfchenmaterial gefüllt und über einem Teelicht erhitzt befriedigt auf erfrischende Weise die Experimentierlust der Kinder. Würde jedes Experiment wissenschaftlich auseinandergenommen und die chemischen Reaktionen hinterfragt, dann hätten sie einen unvergesslichen Lerneffekt. Aber üblicherweise macht es BUMM, die Kinder kreischen vor Freude und klatschen wie Affen auf Speed in die Hände.

Die industriellen Böller werden immer ausgefeilter, lauter und Importware immer billiger. Und leider schrumpfen mit der Weiterentwicklung des Landes auch die Möglichkeiten, die Böller relativ gefahrlos zu testen. Es gibt wenige freie Flächen oder alte Häuserruinen, die so wie früher für Böllerexperimente genutzt werden können, ohne das Leben von Unbeteiligten oder deren persönliche Bedürfnisse nach Ruhe zu gefährden. Ein altes, leer stehendes Haus wird nämlich gerne als Schallverstärker genutzt und ein offenes Abflussrohr aus Beton hält schon mal einen kleinen Polenböller aus. Die Kanalisation sollte da noch der sicherste Ort sein, wo man Böller »versenken« kann, aber die dort vorherrschenden Gase können leicht unwirsch auf plötzliches Feuer reagieren. Wo wir gerade bei Kanalisation sind: Früher haben wir einen Pfenningskracher verschämt in einem Kuhfladen oder einem Pferdeapfel gezündet. Das war schon eine Sauerei. Aber heute lassen minderbelichtete Hobbypyromanen »dänische Kanonenschläge« in Toiletten explodieren. Am leckersten und legitim vertretbarsten finde ich, die Böller einfach in eine Ananas zu stecken und anzuzünden. Guten Appetit.

Und wo es etwas gibt, was vielen Menschen Spaß macht, gibt es auch Menschen, die denen, die Spaß haben, den Spaß verderben wollen. So werden Aufrufe gestartet, das Geld anstatt für Böller in Spenden für Bedürftige zu investieren. »BROT STATT BÖLLER«, das ist eine tolle Initiative, aber versuch mal, Brot knallen zu lassen …

Mit Essen spielt man doch

Wenn Kinder essen, dann hat das meistens wenig mit Nahrungsaufnahme zu tun. Sie lutschen an Lebensmitteln herum, zerlegen sie in ihre Einzelbestandteile und können sich stundenlang damit aufhalten, bei einem Apfel zuerst akribisch die Schale mit den Zähnen abzuknabbern, um dann herzhaft in das Fruchtfleisch zu beißen. Für Kinder ist Essen im besten Fall – wenn sie von den Eltern gelassen werden – ein Feuerwerk für die Sinne. Sehen, Riechen, Schmecken, Fühlen. Leider existiert in vielen Köpfen immer noch der breitgetretene Spruch: »Mit Essen spielt man nicht.« Spielt man eben DOCH. Wann, wenn nicht in der Kindheit, kann man den Grundstein dazu legen, Essen nicht nur als Nahrungszufuhr, sondern auch als Erlebnis zu sehen. Ich rede nicht von Essensverschwendung, die sollte natürlich unbedingt unterbunden werden. Ich rede von »Sinne sensibilisieren«, indem das Kind verschiedene Düfte zu unterscheiden lernt, verschiedene Konsistenzen mit der Zunge erfühlt, Geschmacksrichtungen abgespeichert werden. Aber das alles eben nur, wenn das Kind die Gelegenheit und Ruhe dazu bekommt. Einen Maiskolben kann man mit viel Druck und in einem Stück innerhalb weniger Minuten am Magenpförtner vorbeijagen. Man kann aber auch jedes einzelne Korn mit Fingern oder Zähnen abpflücken und genießen. Kinder üben sich bei besonders leckeren Nahrungsmitteln darin, sich selbst zu kasteien, indem sie die Essensteile vor dem Verzehr sortieren und klassifizieren. Kleine Nüsse in Schokolade gehüllt werden nach Farbe und Form sortiert, bevor sie endlich von klein nach groß den Weg in den selbst kasteiten Mund finden. Und seien Sie unbesorgt, das Kind wird NICHT den Respekt vor dem Essen verlieren, wenn es damit »trödelt« oder »spielt«. Im Gegenteil, es erfährt eine ganz besondere Beziehung dazu, indem es mit allen Sinnen erforscht und genießt. Im Folgenden habe ich einige »Essensspiele« für Sie ausgesucht, bei denen Sie bestimmt gerne an Ihre Kindheit zurückdenken und mit gesammeltem Speichel im Mund ausrufen: »DAS hab ich auch gemacht!«

Kinder benutzen ihre Zähne als Hammer, Meißel oder Feile und das Essen als zu bearbeitendes Material. Aus KAROTTEN kann man wunderschöne kleine Kunstwerke knabbern. Sie werden gekerbt, gekugelt, halbiert, abgerindet, und das alles ausschließlich mit den Zähnen. Übrig bleibt das leckere Mark, das als Letztes schnabuliert wird. Machen Sie sich keine Sorgen, wenn die Kunstwerke einmal allzu phallische Formen annehmen, das ist normal …

TOMATEN werden, genau wie Weintrauben, »ausgesaugt«, indem man ein Loch hineinbeißt und den Inhalt dann genüsslich extrahiert.

MANDARINEN oder Clementinen sind nicht nur gesund, sie bilden auch. Entfernt man nämlich die dünne Haut um die

Halbmonde, indem man mit den Zähnen zuerst einen Schlitz anknabbert und dann vorsichtig die Haut abzieht, dann hat man ein wunderbares Beispiel, wie Zellen in der Natur aussehen. Und wie sie zusammen ein Ganzes ergeben. Toll. Und des Weiteren kann man in mühsamer, aber unterhaltsamer Kleinarbeit die weißen Fäden und Gewebereste der Schale abziehen und dann erst die Frucht verzehren.

Die MELONE, egal welche Sorte, eignet sich hervorragend, um den Umgang mit einem Messer zu üben. Zuerst »übt« der Erwachsene das fachgerechte Tranchieren und dann darf das Kind schneiden, schnippeln und mit einem Löffel Höhlen bauen. Einzige Bedingung: Das Ergebnis muss gegessen werden. Und wenn man die Kerne nicht mag, dann kann man sich gerne zuallererst der Entkernung widmen, bevor man in den unverfälschten Genuss der Melone kommt. Wassermelonenkerne lassen sich bei dieser Gelegenheit wunderbar zum Wegschnipsen zwischen zwei Fingern benutzen.

KIRSCHEN isst man nicht, man geht sie klauen, hängt sie sich über das Ohr oder befreit den Kern im Mund geschickt vom Fruchtfleisch, um endlich mit dem Kirschkernspucken anfangen zu können. Ich selber war nie besonders gut darin, und es kam immer mehr Flüssigkeit als Kern heraus, aber für solche Grobmotoriker im oralen Bereich gibt es glücklicherweise immer noch die Finger zum Schnipsen.

ÄPFEL werden mit den Zähnen geschält, um dann an das weiche, saftige Fleisch zu kommen. Oder man versucht geschickt mit einem Messer oder Schäler eine laaange Schlange zu schälen, um diese dann zu essen. Als ich in meiner Kindheit einen Freund besuchte, bot mir seine Mutter ein Stück Obst an. Ich wählte einen saftigen, leckeren, glänzenden Apfel. Nach ein paar Minuten fragte sie mich, ob ich Apfel überhaupt möge. Ich verstand nicht. Dann deutete sie auf den Apfel in meiner Hand, den ich versonnen und akribisch mit den Zähnen von seiner Schale befreit hatte. DOCH, ich liebe Äpfel.

Äpfel werden so langsam gegessen, dass niemand vermuten könnte, dass das Kind gerne Obst isst. Bananen werden abgelutscht. An einem Brötchen wird herumgeknabbert, bis man wieder deutlich erkennt, dass es aus einer Pampe aus Mehl und Wasser geschaffen wurde.

Wenn ich früher BRÖTCHEN holen musste, dann war das eine wahre Herausforderung an meine Leidensfähigkeit. Wie gerne hätte ich schon auf dem Weg das weiche Innere herausgepult und verdrückt. Ach, es schadet ja nichts, und die hohlen Brötchen kann ich bestimmt erklären. Brötchen waren für uns etwas ganz Besonderes. Es bedeutete nämlich, dass es Wochenende war. Und später, als ich sie mir selbst von meinem Taschengeld leisten konnte, genoss ich sie weiterhin wie einen Schatz, zerlegte sie in ihre Einzelbestandteile, und so eine Brötchenmahlzeit konnte schon mal die ganze Schulpause dauern. Man muss ja nicht nur das Innere in Form bringen, bevor man es isst. Man muss ja auch die Rinde bis auf eine hauchdünne Schicht abkratzen, jeder Fussel weicher Teig musste abgepiddelt werden. Und irgendwann kam ich auf die Idee, die mir ein Maximum an Genuss gewähren sollte. Ich knabberte die Rinde ZUERST ab. Übrig blieb ein weißes, rindenloses, fast ausschließlich aus weichem Teig bestehendes Backwerk. Und dann war die Pause zu Ende, und mit vier großen Bissen war das Brötchen weg.

Mit GRAUBROT verhält es sich ähnlich wie mit Brötchen, aber eben nur ähnlich. Die Rinde wird separat vom Inneren verspeist, der weiche Teig wird zu Figürchen geformt und dann gegessen. Der Vorteil von Graubrotfigürchen ist, dass man den Dreck, der von den Händen auf den lange gekneteten, dunklen Teig übergegangen ist, nicht so gut sieht wie auf Weißbrotteig. Und mit Graubrot kann man auch besser spielen: »Wer am längsten daran kaut, hat gewonnen und wird nicht mit der aus Toastbrot in Form geknabberten Pistole erschossen.«

NUDELN. Kinder lieben es, Nudeln roh zu essen. Ungekocht,

hart, soßenlos. Mal abgesehen davon, dass so eine rohe Spaghettinudel einem den ganzen Tag verderben kann, wenn sie quer in der Speiseröhre klemmt, so geht auch die Mär um, dass sie für den Magen nicht so gesund sein soll. Dabei geht es ja mehr um die armen Zähne als um den Magen. Manche Zähne halten das aus, aber manch kindlicher Zahnschmelz kapituliert.

Gekocht werden Spaghetti dann gerne missbraucht, um Worte oder Bilder zu legen. Oder sie werden »eingesaugt«, indem man ein Ende in den Mund steckt und dann saugt und saugt. Kleinere Kinder missbrauchen Nudeln auch gerne mal als Soßentransporter, die wird abgelutscht und die Nudeln wieder fein säuberlich auf den Teller gelegt. Die Makkaroni wandern gerne auch mal in das Getränk und werden zum Trinkhalm umfunktioniert.

Kindern mit Schwierigkeiten in der deutschen Sprache sollte einmal in der Woche Buchstabensuppe serviert werden und dabei genügend Zeit sein, fehlerhafte Nudelstellungen zu berichtigen. Vielleicht sollte es sowieso vom Hersteller schon vorgefertigte, zusammenhängende Worte geben, die die Möglichkeit bieten, Sätze zu bilden. Oder auf der Verpackung sollten Hinweise auf die pädagogischen Vorteile von Buchstabensuppen stehen. Für Mathematiker eigenen sich Zahlensuppen mit dem gleichen Geschmack.

»ERBSEN zählen« und Mengengruppen damit bilden. Erbsen nach Größe zu sortieren oder sie ÜBERHAUPT aus dem Essen auszusortieren und einzeln zu picken (dann schmecken sie gar nicht so schlecht) kann eine sinnvolle Beschäftigung sein, um die generell langweilige Nahrungsaufnahme unterhaltsamer zu gestalten. Es treibt uns Eltern zum Wahnsinn, aber wenn wir mal zurückdenken, dann wird sich wohl niemand unter uns finden, der den ersten Stein werfen dürfte. Natürlich hat nicht jeder Pommesschiffchen gebaut (manche Kinder bekommen so selten Pommes, dass die schneller im Mund verschwinden, als sie als Bastelmaterial zur Verfügung stehen können), nicht jeder verbindet hingebungsvoll die Fettaugen der Suppe miteinander, teilt sie wieder und verbindet sie wieder. Aber jeder hat schon mal den Boden eines Glases als Lupe benutzt, um sich beispielsweise ein Fischstäbchen oder die eigenen Finger genauer anzusehen. Und ich behaupte, dass jeder Einzelne von Ihnen schon einmal in ein Glas geredet hat und sich an der veränderten Stimme erfreut hat, sich das Glas ans Ohr gehalten oder es um den Mund angesaugt hat. Und jeder hat schon mal Mayonnaise und Ketchup mit einem Pommesstäbchen miteinander vermischt, festgestellt: Rot und Weiß ergibt Rosa, und das Kunstwerk stolz betrachtet.

Und wenn man sie gewähren lässt, dann gehört das Schmieren von Broten ebenso zu den beliebten Beschäftigungen. Ob mit Butter oder Schmierwurst, ein Kind kann sich minutenlang damit beschäftigen, den Belag nach den eigenen Vorstellungen auf der Brotscheibe zu verteilen. Jede Pore muss gefüllt sein, und bei Schokocremebelag darf's auch mal ein bisschen dicker sein. Und wer hat nicht schon einen Trinkhalm derart ausdauernd und hingebungsvoll plattgekaut, dass Flüssigkeiten nur noch molekülweise aufgenommen werden konnten, oder ein Wiener Würstchen hingebungsvoll mit den Zähnen bearbeitet, sodass es plötzlich nackt vor einem lag.

Aber der Spitzenreiter in der Beliebtheitsskala spielwütiger Esser ist mit Abstand der ... KARTOFFELBREI! Nehmen Sie es nicht persönlich, wenn Ihr Kind sich kreativ daran austobt, es hat wahrscheinlich nichts mit Ihren Kochkünsten zu tun. Das hoffe ich zumindest. Die Gabel und der Kartoffelbrei, die gehören zusammen. Mit der Gabel werden wunderschöne Strukturen in den Brei gemalt, Muster geritzt und Häufchen gestapelt. Sehr beliebt ist auch der »Soßensee«, der in der Kuhle eines Breiberges entstehen kann. An diesen kann man sich dann sukzessive heranessen. Oder man kann den Brei auf dem Löffel mit der Oberlippe glatt streichen, Ordnung muss sein. Wenn die Konsistenz des Breies einigermaßen fest ist, dann kann man

auch eine Garage für das Würstchen oder das Fischstäbchen bauen. Alles immer in der Hoffnung, dass sich niemand darum kümmert, warum man so lange am Mittagstisch verweilt, und bemerkt, dass man, anstatt zu essen, an seinem Architekturstudium feilt.

Aber manchmal spielen Kinder am Essen herum, weil es ihnen tatsächlich nicht mundet. Ach echt. Dann gibt es nur noch einen Ausweg: Stellen Sie den Mixer bereit und lassen Sie experimentieren. Und lassen Sie sich bei Todesstrafe unterschreiben: Es wird ALLES aufgegessen!

Überflüssige Nahrung wie SÜSSES oder SALZIGES:

Die drei Phasen des Schokokussgenusses: Schokoküssen wird genussvoll die Schokohaut mit der Zunge abgeleckt, bis nur noch die weiße Schaumkuppe übrig bleibt. Diese wird dann mit der Zungenspitze entweder eingebohrt oder abgezupft oder mit den Lippen so lange bearbeitet, bis sie glatt ist wie ein Babypopo. Selbstverständlich wird als Allerletztes die hauchdünne Waffel verspeist.

Sollten tatsächlich einmal Kartoffelchips den Weg in Kinderhände gefunden haben, dann werden sie abgelutscht und mit winzigen Bissen verzehrt. Oder sie werden nach Größe sortiert und dann je nach eigenem System verputzt.

Kleine Salzbrezeln kann man in Buchstaben verwandeln, indem man sie an unterschiedlichen Stellen abknabbert. »Schau mal, ich hab ein ›D‹/ein ›L‹/ ein ›B‹/ein ›C‹.« Oh, und natürlich muss jedes einzelne Salzkorn individuell und separat abgeknabbert und verspeist werden.

Erdnussflips werden nicht einfach so gegessen. Sie werden Pore für Pore inhaliert oder am Gaumen so lange mit Speichel zerdrückt und ausgesaugt, bis sie platt sind. Dann werden sie mit der Zunge vom Gaumen gelöst und noch mal gekaut. Oder sie werden eingespeichelt und dann mit Genuss verzehrt.

Alles, was Nüsse oder andere versteckte Geheimnisse beinhaltet, wird von der Industrie mit einem zusätzlichen Spaßfaktor ausgestattet. Die überraschende Geschmacksexplosion, die einem Erwachsenen versprochen wird, trifft auf Kinder nicht zu. Diese prolongieren stattdessen den Genuss, indem sie alles, was eine geschmackliche Finesse beinhaltet, so lange mit der Zunge oder den Zähnen bearbeiten, bis der Kern von der Hülle getrennt ist. Twix, M&Ms, Toffifee … und besonders begehrt: Mon Chéri …

Viele Dinge werden von Kindern nicht so gegessen, wie sie vom Zubereiter gedacht sind. Vielmehr werden sie zerlegt und zerpflückt und haben so einen weitaus höheren Unterhaltungswert als die bloße Nahrungsaufnahme. Nehmen Sie beispielsweise das Milky Way. Von der Schokohülle befreit, offenbart sich eine essbare Knetmasse! Der Genuss einer Zimtschnecke besteht bei Kindern (und auch noch Erwachsenen) darin, sie aufzurollen. Ebenso wird mit Lakritzschnecken verfahren. Wobei ich bei Letzteren überzeugt bin, dass diese Art des Genusses vom Hersteller so gedacht ist. Prinzenrolle, und ich behaupte das aus Erfahrung konstatieren zu dürfen, wird IMMER so gegessen, dass die beiden Hälften mit einem geübten Dreh auseinandergeschraubt werden, dann wird die Schokoladenschicht abgeleckt oder mit den Vorderzähnen abgeschabt, bis sich nur noch rudimentäre Schokoreste in den Poren befinden, und dann erst wird das Keksmaterial verspeist. Bei anderen Keksen werden erst die überstehenden, dekorativen »Randzähnchen« abgeknabbert. Überhaupt wird viel »abgeknabbert«. Bei Wurst- oder Käsebroten mit Aufschnitt wird AUCH zuerst das überhängende Material mit den Vorderzähnen entfernt, bevor man in medias res gehen kann. Erstaunlich auch die Beobachtung, dass entgegen den Werbespots, in denen ja die fachgerechte Verspeiseart schon vorgelebt wird, beispielsweise auch Milchschnitte zuerst in ihre Einzelteile zerlegt wird. Es war für mich eine richtige Überwindung, eines Tages in eine Milchschnitte zu beißen, so wie sie aus der Verpackung kam. Es tat nicht weh, aber es brachte mir nicht die gleiche Befriedigung, wie den weißen, cremigen Schaum auf meiner Zunge zu spüren.

Wir alle haben mit Essen experimentiert, und es liegt nicht an mangelndem Appetit der Kinder, sondern hat eher etwas mit Pippi Langstrumpfs Philosophie zu tun: »Ich mache mir die Welt, wie sie mir gefällt.«

Es gibt natürlich noch Unmengen »Spiele«, die man mit Essen als Kind gemacht hat, die ich gar nicht alle erwähnen kann, weil sie mir auch gar nicht alle einfallen. Aber eines weiß ich sicher: Nicht immer hat es den Erwachsenen gefallen. Und gegen Respekt für Nahrungsmittel ist auch nichts einzuwenden. Ich halte ihn sogar für äußerst sinnvoll. Aber Kinder »erfühlen« nun mal gerne die Welt um sich herum, wollen sie »begreifen«, und der RESPEKT kommt spätestens dann, wenn Mama mal am Samstag keine Lust zum Kochen hat und die Kinder hilflos vor dem prall gefüllten Kühlschrank verhungern.

Mutproben

Nachdem nun eine Unmenge an Spielideen skizziert und vorgestellt wurden wende ich mich einem Thema zu, das uns alle in den Jahren des Heranwachsens begleitet hat und auf gar keinen Fall unerwähnt bleiben darf. Es würde an emotionalen Betrug grenzen, würde ich versuchen diese Kategorie zu unterschlagen. Es handelt sich um ein wichtiges Instrument in der Persönlichkeitsbildung eines jungen Menschen: die MUTPROBE.

Das Bestehen einer Mutprobe dient meist dazu, in einer Gruppe aufgenommen zu werden. Einsame Außenseiter, die mit mangelndem Selbstbewusstsein ausgestattet sind, sind fast immer Opfer solcher Rituale. In den späteren Teenagerjahren können »Mutproben« aber auch einfach aus Langeweile entstehen. Und diese Mutproben führen oft die armen Erziehungsberechtigten zur nächsten Polizeistation, um die pseudokriminell gewordenen Sprösslinge unter Androhung von lebenslangem Hausarrest wieder abholen zu dürfen. Hilfreich ist es, schon früh eine gute Haftpflichtversicherung abgeschlossen zu haben, für den Fall, dass Ihr Kind »sich etwas beweisen«, »dazugehören« oder »einfach nur Spaß haben« wollte.

Mutproben werden unternommen, um anderen zu imponieren oder um den Kick zu erleben, Grenzen zu überschreiten, Ängste zu überwinden. Sind die Kinder klein und experimentierfreudig, so bleiben die Mutproben meist überschaubar und fallen nicht unter einen Paragrafen des StGB.

EKELESSMUTPROBEN: Der arme Regenwurm führt die Statistik der beliebtesten Ekelmutproben mit Abstand und seit Jahrzehnten an. Sein größter Fressfeind sind allzu mutige Kinder, die sich beweisen müssen, wie unerschrocken sie sind. Sie unterliegen dem Gruppenzwang, wollen im Mittelpunkt stehen und in die Geschichtsbücher ihrer Freunde eingehen. Nun denn, wenn der Wurm seine Existenzberechtigung dadurch erhält, dem Menschen als Nahrung zu dienen oder ihm zu einem höheren Selbstwertgefühl zu verhelfen, dann sollten wenigstens einige Dinge beachtet werden: Zuerst einmal sollte das Kind ihm keinen Namen geben, das erschwert den Schluckprozess, weil sich automatisch der Hals zuschnürt, wenn man weiß, wie das Lebewesen heißt, das man isst. Man betrachte es ganz pragmatisch als Eiweißlieferant. Wenn man ein passendes Exemplar gefunden hat, so entferne man die Erde, indem man den Wurm an einem Ende festhält und mit Daumen und Zeigefinger der anderen Hand abstreicht. Man kann ihn auch unter fließendem Wasser reinigen, aber wer Regenwürmer isst, der muss nun wirklich kein Hygienefreak sein. Dann hält man den Wurm am Köpfchen fest und streicht nochmals mit leichtem Druck vom Kopf bis zum After, um dessen Darm zu entleeren, sonst schmeckt er zu sandig. Dann essen. Sollte man zu den

mäkeligen Tierfreunden gehören, kann man auch nur mit den Vorderzähnen das Hinterteil abbeißen, dann kann sich der Regenwurm regenerieren, und sein Hinterteil wächst wieder neu. So sieht es der genetische Code in seinen Segmenten vor. Nur nicht den Kopf abbeißen, denn dann bilden sich zwei Hinterteile und der Regenwurm verhungert. Wenn man Glück hat, ist das verspeiste Modell parasitenfrei und beherbergt auch keine Bandwürmer, die sich im menschlichen Körper endlich am Ziel ihrer Träume befinden. Guten Appetit.

Natürlich kann man auch Insekten essen. Ameisen sind dabei ganz hoch im Kurs. Dabei sollte man aber darauf achten, sie gut zu kauen, sonst krabbeln sie die Speiseröhre wieder hoch oder feiern eine Party im Magen, bis die Magensäure das Licht ausmacht. Ich muss einräumen, dass ich im Verlaufe der Recherche zu diesem Buch zwar mein Bestes gegeben habe, aber in diesem Fall keine persönlichen Erfahrungswerte bezüglich des Geschmackes von Ameisen geben kann. Deswegen muss ich auf Hörensagen zurückgreifen, wenn ich behaupte: Ameisen schmecken leicht säuerlich.

Andere essbare Mutproben findet man im Kühlschrank oder im Haushalt. Wie wäre es beispielsweise mit einem kleinen Test, wer den Verzehr der kleinen roten Mini-»Paprika« am ehesten überlebt? Dazu gehört aber auch die Beurteilung der Ausscheidungssituation beim nächsten Toilettengang. Der Schärfegrad bei Lebensmitteln wird in Scoville gemessen. Tabasco hat eine Schärfe von 2.500 Scoville. Schärfe im Essen ist eigentlich unschädlich, aber bei einem entsprechend hohen Scovillewert können schon mal die Nieren versagen oder der Kreislauf zusammenbrechen.

Wesentlich schmerzfreier ist der Verzehr von rohem Ei. Mir persönlich fällt es hierüber am schwersten zu schreiben, denn allein der Gedanke an die Konsistenz dieser Köstlichkeit lässt mir die Gaumenhaare zu Berge stehen. Kreative Jugendliche erweitern diese Ekelmutprobe damit, dass sie Mixgetränke aus

Bier, Ei und anderen Zutaten herstellen, die »auf ex« genossen werden müssen. Dazu noch ein Häppchen Katzenfutter und das Abendessen ist gerettet.

Bei Erwachsenen manifestieren sich diese Ekelmutproben in Schneckenessen, allerdings mit Butter und Knoblauch. Austern werden lasziv geschlürft und behauptet, sie seien sososo lecker, und wenn nicht das, dann wenigstens sososo gesund. Nierchen, Kutteln, Hirn, Froschschenkel und Heuschrecken. Sogar der klassische Regenwurm kehrt als Erwachsenenmutprobe zurück, nur eben als Raupe und in Tequila ersäuft. Aber Erwachsene finden für alles beschönigende Worte, auch wenn es sich dabei um die versteckte Sucht nach zu bestehenden Mutproben handelt. Sie nennen sie »Delikatessen«.

SCHMERZMUTPROBEN: Sich zu überwinden, Grenzen zu überschreiten, das kann auch bedeuten, dass man bereit ist Schmerzen zu ertragen. Oder sich zumindest der Angst zu stellen, welche in Kauf zu nehmen. Wer traut sich barfuß über eine Kleewiese zu laufen, auf der das leise Summen Hunderter fleißiger Arbeiterbienchen darauf hinweist, dass man eventuell nach der Mutprobe für lange Zeit keine Schuhe mehr anziehen kann. Oder wie wäre es mit einem Spiel, bei dem Steine in die Luft geworfen werden, und wer getroffen wird, hat irgendwie verloren. Ich möchte nicht bestreiten, dass Kinder, die auf solche Ideen kommen, nicht VORHER schon diverse »Defizite« im Kopf haben. Der Spaß an solchen Spielen verschließt sich mir leider komplett. Auf einen gefrorenen See zu gehen, wissentlich die Warnschilder zu ignorieren und zu sehen, wer am weitesten kommt, ist ebenfalls eine Mutprobe, die die körperliche Unversehrtheit des Kindes stark und sogar auf Dauer beeinträchtigen kann. Von den verantwortlichen Behörden freigegebene zugefrorene Seen sind für kleine »Sensation-Seeker« leider völlig uninteressant. Ein »Betreten verboten« dafür umso verlockender. Hohe Mauern, Geländer über Autobahnen und Brüstungen üben auf »besonders mutige« Kinder eine unwiderstehliche Faszination aus. Sie wissen genau, dass ein Fehltritt für sie äußerst schmerzhafte Folgen haben kann. Und dennoch tun sie es. Ich selber war dabei, als vor vielen Jahren ein Schulfreund von einer hohen Mauer in eine nicht unerhebliche Menge von Brennnesseln gefallen ist. Aua. Da bleibt der Sprung vom »Zehner« im Freibad an Irrsinn weit dahinter. Vorausgesetzt, es befindet sich schon Wasser im Becken. Unbekannte Pflanzen zu essen grenzt an die Sucht nach innerer Selbstverstümmelung. Die Folgen sind weder absehbar noch kontrollierbar und an Dummheit stehen diese Mutproben den Höhe-/Fallmutproben in nichts nach. Ich selber habe mich dazu hinreißen lassen, den Worten eines älteren Kindes, dass WIRKLICH nichts passieren kann, zu glauben und habe einen Elektrozaun angefasst. Aber: Ich habe noch nie, noch nie dagegengepinkelt. Da lob ich mir doch die kleinen feinen Mutpröbchen wie Blutsbruderschaft oder einen Finger für 0,2 Sekunden in eine Kerzenflamme zu halten. Uuuh.

Welche Beweggründe müssen ein Kind dazu bringen, bereit zu sein sich selber Schmerz zuzufügen? Auf die besorgte Frage der Eltern oder des Rettungsteams, das die Einzelteile des kleinen Körpers wieder zusammenflicken muss: »Wie ist das passiert?«, wird nur selten mit fester Stimme und voller Inbrunst erklärt, dass es eine »Mutprobe« war. Im Gegenteil, der Blick wird gesenkt, und ein zartes, peinlich berührtes Stimmchen presst zwischen beschämten, verlegenen Lippen hervor, dass der Mike gesagt hat, dass man sonst voll feige wäre.

ANGST VOR BESTRAFUNG: Also es gibt ja Kinder, die klauen, weil sie sich etwas beweisen wollen. Das passiert dann oft unter Ausschluss der Öffentlichkeit. Sie machen es ganz heimlich, niemand erfährt davon. Und was haben sie davon? Bis zum heutigen Tage nagt das schlechte Gewissen an mir. Ich fühlte mich schlecht, als ich im Laden den Entschluss fasste. Ich fühlte mich schlecht, während ich es tat, und ich fühle mich fünfundzwanzig Jahre später auch noch schlecht. Ich hatte weder Spaß an meiner »Beute«, noch konnte ich sie jemandem guten Gewissens zeigen. Mein Schatz, das Diebesgut: eine rote Füllerpatrone. Die Aktion war zwar alles andere als sinnvoll, aber sie bereicherte mein jugendliches Selbstwertgefühl, weil ich in meinem jugendlichen Hormonwahnsinn die Tatsache, dass ich nicht erwischt wurde, meinem unendlichen Geschick und meiner ausgereiften Fingerfertigkeit zuschreiben konnte und nicht etwa dem GLÜCK. Damit war mein Ausflug in die kriminelle Szene beendet. Ich wusste, ich könnte, wenn ich wollte, und das genügte mir. Ob das wohl die gleichen Beweggründe sind, die Tausende von anderen Jugendlichen zum Klauen motivieren? Oder doch der Gruppenzwang, der schon der armen, einsamen Luzie, dem »Schrecken der Straße«, zu ihren Knetmännchen verhalf. Oder die ansteigende Kinderarmut. Dann kann man seinen »Mut« aber auch unter Beweis stellen, indem man die Sachen sofort im Supermarkt isst und dann mit erhobenen Händen und einem kauenden Grinsen an der Kasse vorbei den Ort des Gesetzesbruchs verlässt.

Supermärkte oder Geschäfte sind aber nur ein Bruchteil der Einrichtungen, die den Kleinkriminellen eine Plattform für ihre diebischen Taten bieten. Selten steht der Wunsch nach tatsächlichem Besitz des Gutes im Vordergrund. Stehlen um des Stehlens willen. Je ausgefallener die Gegenstände, desto höher das Ansehen bei den Kumpels. Straßenschilder werden in nächtlichen Aktionen entwendet und finden sich in Partykellern wieder, Straßenbaustellen werden ihrer Lichtsignale beraubt, Posterwände sind plötzlich leer und sogar Fahnenstangen erscheinen plötzlich irgendwie nackter als noch am Tag zuvor. Und das Skurrile dabei ist, dass niemand jemals die mit beträchtlichem Aufwand eroberten Stücke sehen darf.

Man kann aber zum Zwecke der Mutprobe auch auf andere Gesetzesübertretungen zurückgreifen als die des vorsätzlichen Diebstahls. Das unerlaubte Betreten von Gebäuden oder Geländen ist eine davon. Im juristischen Sinne bedeutet das »Hausfriedensbruch«. Alte Fabriken, ungenutzte Hallen eignen sich hervorragend, um sich über Grenzen hinwegzusetzen. Nächtliche Freibadbesuche, bei denen man sich über Zäune Eintritt verschafft, sind nur minder witzig, wenn das Wasser nicht eine angenehme Whirlpooltemperatur hat. Brrr. Auch das Aufsuchen von Baggerseen mit überdimensionalen Verbotsschildern ist eine allzu verlockende Idee, um sich an heißen Sommertagen die verdiente Abkühlung zu verschaffen. Dort ist es meist schön leer, und es gibt auch keine störenden Rettungskräfte, die bei Unfällen schnelle Hilfe leisten könnten. Das Gleiche gilt für Ausflüge in die Kanalisation oder Höhlen aller Art. Hauptsache dunkel und unbekannt. Kleinere Kinder krabbeln schon gerne mal in Unterführungsrohre von Bächen. Wenn sie Glück haben, dann sind sie dort ohne tierisches Geleit mit langen geringelten Schwänzen. Ratten, die ihre Territorialherrschaft mit schmerzhaften Bissen verteidigen. Und die mit dem dort geringer werdenden Sauerstoff besser zurechtkommen als kleine Menschen. Nicht umsonst sind immer mehr dieser Tunnelrohre an ihrem Ende mit einem dicken Gitter versehen. Größere Kinder, sagen wir Jugendliche im Mutprobenalter, verschaffen sich Zugang zu den »Erwachsenentunneln«, der Kanalisation. Navigieren im Untergrund ist aber eine Fähigkeit, die entweder besonderes Geschick erfordert oder einen guten Empfang des GPS-Geräts. Wer beides nicht hat, sollte sich lieber des Tageslichts erfreuen und auf den Anblick von vorbeiziehenden Exkrementen verzichten.

Aber es geht auch sportlicher. Sich mit dem Fahrrad an Fahrzeuge aller Art zu hängen, sich auf Schienen zu legen und so lange wie möglich das Herannahen des Zuges auszuhalten oder sich an Züge und Lkws zu hängen, das erfordert ein Höchstmaß an Konzentration, Schnelligkeit und intellektuellem Defizit und soll hier keine weitere Beachtung finden. Kontrollierbarer, aber nicht ungefährlicher sind Abkürzungen oder Ausflüge über Kuhweiden. Kühe können nämlich ziemlich sauer werden, vor allem, wenn die Kühe Hoden an der Stelle ihres Euters haben. Dann heißt es: Schnellen Schrittes zwischen Kuhfladen hüpfend den nächsten Stacheldrahtzaun erreichen und lieber eine zerrissene Hose in Kauf nehmen als einen Huf zwischen den Wirbeln oder ein Horn unter der Achsel. Als es noch mehr Kuhwiesen als Freizeitparks gab, da fanden es die Kinder äußerst unterhaltsam, auf einer Kuh zu reiten oder zumindest den kläglichen Versuch zu unternehmen. Damals ging das noch, da hatten die Jungs Lederhosen an.

GRUSELMUTPROBEN: Zu den folgenfreiesten Mutproben gehören die, bei denen sich der Proband einfach nur gruseln und seine psychische Leidensfähigkeit überprüfen will. Kinder wissen, dass es schmerzfrei bleibt, wenn man sich gruselt. Kinder wollen mutig sein. Sie machen das Licht im Kinderzimmer aus und gruseln sich. In sicherer Umgebung. Wichtig ist, dass sie selber Herr der Lage sind und jederzeit abbrechen können. Das können sie bei Filmen nicht, der läuft weiter. Sich in kleinen Dosen zu gruseln, die Macht über seine eigenen Gefühle zu haben, sich dem Ungewissen zu stellen und seine Angst so zu überwinden, das sind die Beweggründe für kleine Gruselmutproben. Das fängt an bei Nachtwanderungen mit Taschenlampe und endet mit heimlichen Gängen über einen Friedhof kurz vor Friedhofsschließung … wenn der Nebel langsam aus den Gräbern steigt und steinerne Engel so gar nicht mehr gütig von den Säulen herabglotzen, wenn der Weg plötzlich wieder der gleiche wie vor einer halben Stunde ist, wenn ein Käuzchen aus der Ferne ruft, man endlich das rettende, eiserne Ausgangstor erreicht hat, das mittlerweile … abgeschlossen ist.

Mutproben kennen keine Altersbegrenzung. Es beginnt mit der »Weltreise« einer Fünfjährigen. Dabei packt sie ihr Überlebenstäschchen mit den wichtigsten Dingen: Kuscheltier, Lolli. Dann marschiert sie los, die Straße hinunter. Immer weiter. Bis sie am Haus einer Kindergartenfreundin vorbeikommt. Dort wird dann erst mal eingekehrt, gespielt und zum Abendessen ist sie wieder zu Hause. Und es endet mit Erwachsenen, die ihren Mut erproben, indem sie beim nächsten Urlaub »mal wo ganz anders hinfliegen« als die letzten fünf Jahre oder indem sie beim Chinesen um die Ecke mal die Nummer 97 (Hühnchen pikant) probieren.

Der eine oder andere wird nach all diesen schrecklichen Mutproben vermutlich aufschreien und sagen: »So was haben wir nicht gemacht!« Nein, natürlich nicht. Sie haben stattdessen bei fremden Leuten an der Tür geklingelt und sind weggerannt oder haben sie mitten in der Nacht angerufen und gefragt: »Können Sie auch nicht schlafen?«, sind mit dem Fahrrad bei Rot über die Ampel gerast oder haben im Schwimmbad ins Becken gepinkelt. Das ist doch in Ordnung.

Mutproben gehören irgendwie dazu. Da wir unsere Kinder aber lieb haben und sie auch noch die nächsten Jahre lieb haben wollen und sie schließlich irgendwann mal unsere Altersvorsorge sein sollen, müssen wir nach Lösungen suchen, bei denen die Kinder unverletzt bleiben und dennoch an ihre Grenzen gehen können. Es gibt organisierte Mutproben, die ungefährlich sind und dennoch die Grenzüberschreitung gewährleisten, OHNE das körperliche Wohlbefinden zu riskieren: fünf Lippenstiftküsse von Wildfremden auf einem Blatt Papier zu sammeln, einem Fremden ein Lied vorzusingen, einen Hochseilgarten zu bewältigen oder nachts draußen im Zelt zu schlafen. Kontrollierte Mutproben erhalten das Leben unserer Kinder, und sie gewinnen trotzdem das Gefühl, dass sie über sich hinausgewachsen sind. Nur bitte nicht zu weit wachsen, wir haben euch nämlich lieb.

Good Old Stuff

Kreisel

Eines der ältesten Spielzeuge ist der KREISEL. Ein Dauerbrenner. Also warum nicht weiter damit spielen: Der Kreisel dreht sich. Und fällt dann irgendwann um. Das ist das Spiel. Ohne große kognitive Herausforderung, deswegen waren der Kreisel und ich auch die besten Freunde. Kreisel hat man früher unter anderem für die Wahrsagung genommen. Auch heute noch kann man durch den Kreisel die Zukunft vorhersagen. Man kann mit an Sicherheit grenzender Wahrscheinlichkeit vorhersagen, dass es Streit geben wird, wenn ZWEI Geschwisterkinder nur EINEN Kreisel geschenkt bekommen. Kreisel gibt es in

unterschiedlichen Formen und können eigentlich überall benutzt werden. Jedenfalls überall, wo es eine glatte Fläche gibt. Wenn man die glatte Fläche (z. B. ein Brett) bewegen kann, dann bietet sich wiederum die Möglichkeit, dass man den Kreisel eine bestimmte, gezeichnete Linie »nachfahren« lässt. Das ist besonders lustig, wenn die glatte Fläche ein großer Holz- oder Glastisch ist. Ein Kind an jede Ecke und los geht der Spaß. Hau ruck. Einen Kreisel kann man auch in der Hand kreiseln lassen, man muss die Hautoberfläche nur schön spannen und darf weder wehleidig noch kitzelig sein.

Mein Lieblingskreisel ist der Stehaufkreisel. Er wird angedreht und dreht sich dann sofort auf den Kopf, um dort in Ruhe zu Ende zu kreiseln. Das macht wirklich Spaß, so drei-, viermal. Ein Peitschenkreisel dürfte den etwas älteren Generationen noch bekannt sein. Dieser wird durch das schnelle Abziehen einer Schnur in Bewegung versetzt und dann mit Peitschenhieben am Rotieren gehalten. Ich selbst hatte einen solchen Kreisel – obwohl ich ja viiiel jünger bin –, und trotzdem ich ein ausgeprägtes motorisches Talent bin, habe ich den Kreisel beim Anpeitschen immer meterweit weggeschossen. Da lob ich mir doch die fest stehenden Brummkreisel, die man durch das »Pumpen« eines Stabes in Bewegung versetzt und die dann scheppern, brummen oder pfeifen.

Kreisel lassen sich kinderleicht selber herstellen. Natürlich gibt es auch Modelle, die ausgeprägtes handwerkliches Geschick erfordern, eine gute Grundausstattung an Werkzeug und Bastelmaterial und viel Geduld. Aber Kreisel fliegen heutzutage ja schon durch die Luft. Vor allem an Karneval werden sie schaufelweise als Give-away in die Beutel von Messebesuchern geleert und sie sind in jeder Mitgebseltüte an Kindergeburtstagen. Aber wenn man schnell einen individuellen Kreisel herstellen möchte oder sich die Zeit damit vertreiben möchte, Dinge aus eigener Hand zu produzieren, und sich dann längstens einen Tag daran erfreuen will, dann braucht man nur eine

CD (am besten aus der limitierten Klassikedition von Papa), ein Holzstäbchen (Schaschlik, ohne Fleisch) und ein Stück Knete (oder eine Holzkugel mit Loch, aber wer hat das schon vorrätig zu Hause). Knete als Gewicht und Befestigung an die Unterseite des Loches klatschen, Stäbchen durch CD-Loch mit Spitze nach unten, kreiseln. Noch schneller geht es, wenn man einen Fahrradreifen mit Schnellspanner abmontiert und ihn auf der Schraube kreiseln lässt. Aber mein Lieblingskreisel lässt sich ebenfalls in Eigenherstellung fertigen. Man klebe mit Glaskleber vier Murmeln in Form einer Pyramide zusammen: drei Basiskugeln und eine Spitze. Dann drehe man die Spitzenkugel zwischen den Fingern an und schwups stellt sich der Murmelkreisel auf den Kopf und kreiselt. Wie schööön.

Der Ball ist rund

Ein BALL ist rund. Und das ist gut so. Und es ist nicht außergewöhnlich, dass er elastisch ist und seine kinetische Energie nur gering an den Untergrund abgibt. Das hat Vorteile. Ein »unelastischer« Ball ist eine Kugel und verursacht bei unvorsichtigem Spiel eher Schmerzen und gebrochene Zehen und Finger als Vergnügen. Unelastische Bälle, also Kugeln, sollte man ausschließlich zum Zwecke des Rollens benutzen. Aber auch damit können witzige Spielideen verwirklicht werden. Wie zum Beispiel das Umrollen von in vertikaler Ausrichtung aufgestellten Gegenständen. Aufstellfläche breit, oben schmaler. Kegelförmig. Es soll sogar ganze Hallen geben, in denen sich eingeschworene Gruppen von Zeit zu Zeit treffen, um sich dort im Umschubsen von diesen Gegenständen zu messen. Um ihre Kugeln nicht allzu schnell zu verlieren, bohren sie Löcher in die schweren runden Bälle und stecken ihre Finger hinein. Ich hab das auch schon mal probiert, kriegt man mit viel Seife wieder raus. Plopp.

Ein Ball ist ein tolles Spielgerät. Es ist auf seine Art verlässlich und berechenbar und es schult Reaktionsvermögen und Einschätzungsfähigkeit. Es gibt unendlich viele Möglichkeiten, wie man mit einem Ball spielen kann. Aber meistens ist dazu mehr als ein Kind nötig. Die Möglichkeiten eines einsamen Kindes sind begrenzt. Es kann den Ball immer und immer wieder gegen eine Wand werfen und fangen und werfen und fangen. Auf den Boden titschen und fangen. Auf den Boden titschen, an die Wand, und fangen. In die Luft werfen, sich einmal um die eigene Achse drehen, und fangen. Es kann den Ball auf seinem Körper rollen lassen und sich Tricks ausdenken, die allen anderen imponieren werden. Aber zu einem auf Dauer interessanten Ballspiel gehören nun mal mindestens zwei Spieler.

FLUMMIS sind auch Bälle. Und meist auch rund. Nur hüpfen sie besser und länger und weiter und sind wesentlich schwerer wiederzufinden. Flummis gibt es in unzähligen Farbkombinationen, mit Glitter und Leuchtmechanismen. Sie verstopfen Staubsauger und Kinderluftröhren. Sie sind ÜBERALL.

Auf einem HÜPFBALL oder Gymnastikball kann man hüpfen. Man kann ihn aber auch schleudern, schießen, auf ihm balancieren oder ihn im Liegen auf den Füßen balancieren. Man kann sich auch darauflegen, und andere treten gegen den Ball, sodass man in die Luft geschleudert wird. Man kann mit ihm fast alle Spiele machen, sollte aber bei Tennis mit gebrochenen Handgelenken rechnen, und bei Versuchen, einen Pezziball in ein Golfloch zu putten, muss man(n) akzeptieren, dass es eben doch manchmal auf die Größe ankommt.

Ein LUFTBALLON gehört in gewisser Weise auch in die Kategorie Ball. Er ist nicht ganz rund. Er ist auch nicht ganz so stabil. Gar nicht. Und beim Spielen befindet er sich wesentlich öfter in der Luft als am Boden. Aber genau wegen dieser Schwebeeigenschaft üben Luftballons eine unglaubliche Faszination auf uns aus. Kinder lieben die Trägheit, mit der Luftballons sich bewegen. Es bleibt genug Zeit, um sie zu bändigen, und auch der motorisch Unbegabteste hat eine Chance, den Luftballon zu treffen. Für mich als Hektikerin, bei der alles schnell gehen muss, ist ein »Luftballon darf nicht den Boden berühren«-Spiel eine Herausforderung an meine Geduld. Fast schon hysterisch schlage ich auf das schwebende Rund, um ihm endlich den Speed zu verpassen, den ich von einem spannenden Spiel erwarte. Die fliegen viel zu langsam. Was ich alles in der Zeit, in der ein Luftballon sich auch nur annähernd dem Boden zubewegt, erledigen könnte … Hosenknöpfe annähen, Essen umrühren, Schuhe ordentlich hinstellen und den Kulturteil der Tageszeitung lesen. In der Reihenfolge. Es kam schon vor, dass ich bei Kindergeburtstagen einfach noch zwanzig Luftballons mehr in den Kreis geworfen habe, um den Aktivismus zu steigern. Ein paar laute Knalle und erschütterte Frusttränen später war es wieder die gleiche Menge Ballons.

Die fließende und gut kontrollierbare Bewegung des Luftballons eignet sich hervorragend für Geburtstagsspiele. Aber auch die leichte Zerstörbarkeit kann Kinder faszinieren und zu spielerischen Höchstleistungen anspornen. Jedes Kind bekommt einen Ballon an einen Fuß gebunden. Dann darf jeder versuchen, die Ballons der anderen zu zertreten. Da kam mir meine Ballettausbildung zugute, denn ich hüpfte elegant auf meinem freien Fuß und den Ballonfuß graziös bis zu meinem Ohr gehoben. Das Platzen der Ballons ist für viele Kinder schrecklich. Das Trauma ist meistens auf schlechte persönliche Erfahrung mit über die Belastbarkeit hinaus aufgeblasenen Luftballons zurückzuführen.

Luftballons müssen übrigens nicht unbedingt luftdicht verknotet sein, um Spaß damit zu haben. Der ausströmende Luftstrom ermöglicht durchaus weitere spaßige Beschäftigungen. Ohrenbetäubender Lärm, grauenvolles Quietschen strömt aus dem zu einer Stimmlippe geformten Mundstück des Luftballons. Die weitaus gesittetere Variante, mit offenen Ballons zu spielen, ist, Watte mithilfe des Luftstrahls in ein bestimmtes Ziel zu »pusten«. Es kann auch eine Feder gepustet werden oder andere leichte Gegenstände. Für die Sportler mit großem Lungenvolumen gilt: Je schwerer der Gegenstand, desto anspruchsvoller der Wettkampf. Diese Spiele erfordern allerdings mehrere Teilnehmer und je nach konsumorientierter Erziehung auch einen kleinen Gewinn. Aber das hört sich dann schon nach Massenansammlung mit kapitalistischem Hintergrund an. Deswegen möchte ich lieber noch auf die Spielmöglichkeiten eingehen, die man alleine oder zu zweit spielen kann:

Ein tolles Lauflern- und Reaktionsspiel ist, den Luftballon aufzublasen, loszulassen, und das Kind muss ihn fangen. Das wird dann besonders lustig, wenn sich nach dem dritten Mal schon viel Speichel am Blasende gesammelt hat und der Ballon im Wegfliegen in alle Richtungen geschleudert wird.

Der König unter den Luftballons ist selbstverständlich der mit Helium gefüllte. Er schwebt an seiner Geschenkbandschnur, die fest um das Handgelenk des Kindes gezurrt ist, zwischen den Besuchern des Stadtfestes herum. Vorteil: Man sieht sofort, wo das Kind ist. Nachteil: Man jagt schnell mal dem falschen Kind hinterher, wenn schon viele den Stand mit den kostenlosen Werbeheliumballons gefunden haben. Wobei die Spielmöglichkeiten mit einem Heliumballon eigentlich stark begrenzt sind. Er versperrt auf dem Nachhauseweg im Auto die freie Sicht nach hinten, hängt zu Hause tagelang an der Decke und hat nur noch einmal seinen großen Auftritt, wenn er langsam stirbt und zu Boden sinkt. Also: Papiergruß mit einer E-Mail-Adresse dran und weg damit. Und sich vier Wochen später über eine Mailantwort von zwei Straßen weiter freuen.

Gummitwist

Gummitwist ist ja leider ein wenig in Vergessenheit geraten. Kinder müssten sich nämlich dabei bewegen, und das nicht zu knapp. Man müsste sozial interagieren, sich mit anderen ab-

stimmen, sich mit anderen messen. Und sie müssten sich dabei konzentrieren, Sprüche sagen, Reihenfolgen einhalten. Das ist ja so ganz anders, als vor dem PC ein paar Knöpfe zu drücken. Es ist ANSTRENGEND. Dabei ist es so einfach. Wenn man sich auf die Suche macht, dann findet man schon vorgefertigte, bunte oder glitzernde Gummis in bereits abgemessener Länge an neckischen Aufbewahrungsgriffen oder mit Klammerspängchen in Teddy-, Schmetterling- oder Froschmotiv. Wir mussten uns früher die Gummis aus dem Bund unserer Frotteeunterhosen zusammenklauen, sie aneinanderbinden und hatten dann das begehrte dehnbare Band. In modischem Weißgrau.

»Teddybär, Teddybär, dreh dich um. Teddybär, Teddybär, schau dich um. Teddybär, Teddybär, bau ein Haus. Teddybär, Teddybär, spring heraus!«

Die Möglichkeit, das Gummiseil bis auf Höhe der Achseln zu klemmen, ist eine gute Methode, seine Grenzen auszutesten. Es wird so lange gesprungen, bis der Springende einen Fehler macht, das heißt hängen bleibt, die Reihenfolge nicht einhält oder aus anderen Gründen abbrechen muss. Jungs spielen das Spiel nicht. Es ist allein den Mädchen vorbehalten. Möglicherweise ist die Angst, vom Springenden in die Genitalien getroffen zu werden, einigermaßen berechtigt, vor allem, wenn das Seil eine zu kurze Länge aufweist und die Haltenden zu nahe aneinanderstehen. Es ist für heranwachsende, hormongeplagte Frühpubertäre aber auch wesentlich interessanter, den knospenden Mädchen beim Hüpfen ohne BH zuzusehen und zu beobachten, welche Schwierigkeiten sich mit einem Rock und Gummitwist ergeben.

Es gibt keine festen Regeln. Einer macht etwas vor und die anderen machen es nach. Dabei kann es je nach Übungs- und Geschicklichkeitsgrad gerne mal etwas komplizierter werden. Der Gummi kann mit den Füßen beim Sprung verknotet werden und muss dann beim nächsten Sprung wieder gelöst werden. Langweilig ist es oft für die Gummihalter, wenn der Springende so gut ist, dass er mit Leichtigkeit und mühelos alle Positionen durchhüpft, ohne einen einzigen Fehler zu machen. Die Langeweile kann nach Absprache vertrieben werden, indem die menschlichen Seilbefestigungen sich auch bewegen dürfen, indem sie die Beine springend schließen und öffnen. Oder man lässt das Seil im geeigneten Moment schnalzen und entschuldigt sich dann: »Ich dachte, du seist fertig.« Solche Mitspieler beobachtet man Tage später, wie sie mit Mülltonnen als »Ersatzhalter« einsam und aufgesetzt fröhlich ihre »Teddybären« abhüpfen.

Und wenn man gerade kein Gummiseil zur Hand hat, dann tut es selbstverständlich auch eine normale Paketschnur. Warum muss denn ein Gummitwistseil immer elastisch sein? Eine feste Schnur erhöht die Anforderung. Das ist viel lustiger, wenn das gemobbte Kind beim Hüpfen hängen bleibt und das Band nicht nachgibt.

Seil

Das Seil gehört zur fundamentalen Grundausstattung in einer Spielzeugsammlung. Und wenn man sich nicht gerade für ein Schiffstau entscheidet, so kann man eine Schnur oder einen Strick auch bequem überall mit hinnehmen.

Die Möglichkeiten, die ein Seil oder eine Schnur bieten, kann ich hier gar nicht alle aufzählen. Aber ich möchte Ihnen zumindest einen kleinen Abriss verschaffen, wie vielseitig einsetzbar dieses Gerät sein kann.

Man kann beispielsweise ein Gewicht in Form eines Holzstücks, Steines oder der Fabergé-Armbanduhr von Papa an das Seil binden und es im Kreis um sich herumschwingen. Der Gegenstand wird alles andere als in konstanter Höhe kreiseln und ein Stock wird aufgrund seiner länglichen Form unterschiedlich schnell und in unberechenbarer Amplitude unter den Kinderfüßen durchschwingen. Alle Umstehenden werden hüpfen müssen, das heißt: ihre eigene Körpermasse in Bewegung setzen. Sollten einige Kinder aufgrund dauerhafter sitzender Tätigkeit an medialen Ersatzspielpartnern nicht der motorischen Grundfähigkeit des Hüpfens mächtig sein, so werden sie nach einem abrasierten Fuß, blauen Knöcheln und Beschimpfungen durch andere Kinder wegen Ungeschicklichkeit schnell gelernt haben, wie man sich sportlich in ein Spiel integrieren kann und wie dies zu persönlicher Befriedigung verhilft.

Auch der unerfüllte Wunsch nach einem Haustier kann unter Zuhilfenahme einer Schnur oder eines Seils leicht befriedigt werden. Ein einfacher Stock ans Ende gebunden ergibt ein braves, gehorsames und lauffaules Haustier, das nicht gefüttert werden muss und bei dem auch nicht die Gefahr besteht, dass das Gassi führende Kind von einem triebgesteuerten Hund auf der Jagd nach einem erspähten Reh oder einer Katze meterweit auf hartem Boden an der Leine hinter sich hergezogen wird. Sollte sich diese Spielart mit einem widerwortlosen, toten Gegenstand erschöpft haben und sich tatsächlich ein anderes spielbereites Kind gefunden haben, dann kann man dieses ebenfalls als Haustierersatz an das Ende des Seils binden und sich in der Ausübung von Macht und Dominanz trainieren. Das »Haustier« spielende Kind muss selbstverständlich Freude daran haben, die devote, befehlsempfangende Rolle zu übernehmen. Wenn es das nicht freiwillig machen will, muss man es eben irgendwie dazu zwingen. Denn irgendjemand muss ja die Rolle übernehmen, sprich »der Depp sein«.

Ein wenig ausgeglichener ist die Rollenverteilung beim Pferdchenspiel. Dabei wird das Seil als Zügel benutzt und das Pferd, das vorne wegläuft, gelenkt. Oder das Seil dient als Longe und das »Pferdchen« läuft immer im Kreis. Das ist aber die Variante für lauffaule Pferdebesitzer und kann bei dem »Pferdchen« bei intensiveren Laufeinlagen im Kreis schon mal böse Schwankungen im Mittelohr (Gleichgewichtssinn) hervorrufen. Interessant zu beobachten ist bei dieser Spielweise, wie die Übereinstimmung von Pferd und Dompteur kreiert wird. Wird das Kind die Peitsche einsetzen, die Sie ihm untergejubelt haben? Oder begnügt es sich damit, einfach nur einmal kurz und energisch am Seil zu ziehen, das fest um Taille oder Hals des »Pferdchens« gebunden ist? Oder sprechen sich die Spielpartner ab und bilden bei Divergenzen einen Stuhlkreis?

Beim normalen »Pferdchen Führen« bewegen sich die Kinder sehr viel. Das ist gut. Sie laufen und rennen. Üben sich in schnellen Richtungswechseln, in schneller Umsetzung von Anweisung und Veränderung. Und alles, was man interpretieren kann als »Machtausübung« und »soziale Kompetenz erweitern«, und andere psychologische Ansätze und Hintergründe treten doch am Ende hinter den hauptsächlichen Effekt zurück: Es macht den Kindern einen Heidenspaß, sich gegenseitig an einem Seil zu führen.

Wenn sich die Kinder mal an das Gefühl gewöhnt haben, das Seil um den Bauch gebunden zu haben, so kann man sie völlig problemlos vom Spielplatz abtransportieren. Tipp: Achten Sie darauf, dass nur Sie selbst sich die Kunst des Lassowerfens aneignen. In den Händen der Kinder kann ein Lasso schnell zur gefährlichen Waffe gegen allzu autoritäre Erwachsene werden.

Manche Kinder erkennen aber auch recht schnell die Nützlichkeit eines Seils im Zusammenhang mit Freiheitsberaubung. Unbeliebte Spaßbremsen können für eine unbestimmte Zeit außer Gefecht gesetzt werden, indem man sie unter dem Vorwand eines wilden und spannenden Indianerspiels an einen immobilen Gegenstand bindet und vorgibt, man müsse jetzt die weiten Grenzen der Prärie sichern. Und weg. Bei Anbruch der Dunkelheit oder spätestens nach dem sorgenvollen Anruf der Mutter des Angebundenen sollte Schluss mit dem Spaß sein. Es ist auch für das Täterkind nicht schön, während des Abendessens in trauter Familie immer das Gefühl zu haben: »Irgendwas war da noch … Kevin?« Und ein kleiner Tipp noch: Sollten Sie als Erwachsener mehrere Kinder, die Ihnen voraussichtlich an Zahl und Kraft überlegen sein werden, mit einem langen, stabilen Seil auf sich zukommen sehen und sollten Sie sich just in diesem Moment erinnern, wie Sie beim letzten St.-Martins-Umzug hinter zugezogenen Vorhängen und hastig gelöschtem Licht den traurigen Abzug der singenden Kinder beobachtet haben, dann nehmen Sie die Beine in die Hand und versuchen Sie, den Abstand zwischen Ihnen und den Kindern schnellstmöglich zu vergrößern.

Das Seilspringen erfreut sich glücklicherweise immer noch einer großen Beliebtheit. Da dies hier ein »an die modernen Umstände der vereinsamenden Kinder ohne Spielgefährten« angepasstes Buch ist, werde ich zunächst auf das Einzelkindseilspringen eingehen. Durch das Seilspringen werden Rhythmus und Koordination der herumschlackernden Gliedmaßen geübt. Boxer nehmen das Seilspringen gerne zu Hilfe, um sich aufzuwärmen, die Fußbeweglichkeit zu intensivieren und die Kondition zu steigern. Kinder sehen das ein wenig entspannter. Sie genießen die schnellen Erfolge, die sich nach ein wenig Übung einstellen, und freuen sich an steigender Zahl der geschafften Sprünge. Schon nach kurzer Zeit kann man sogar kleine Tricks versuchen, die Geschwindigkeit erhöhen oder die Frequenz der Sprünge steigern. Das Verletzungsrisiko ist auch relativ begrenzt. Nun ja, Grobmotoriker unter den Springenden werden es auch hier schaffen, sich ein Seilende ungeschickt ins Auge zu hauen oder über das Seil zu stolpern und sich ein Bein zu brechen. Für diese Kinder hat sich die Industrie ein ganz besonderes Schmankerl ausgedacht: Seil springen ohne Seil. Ein Fitnessgerät in Form zweier Griffe ohne störendes Seil dazwischen. Es zählt die Sprünge und spornt mit freundlicher Computerstimme zum Durchhalten an. Was aber den Nachteil hat, dass man keine Fehler mehr machen kann, und aus Fehlern wird man ja bekanntlich schlau. Auch hier wieder ein gut gemeinter Tipp: Nehmen Sie sich eine Tasse Tee und setzen Sie sich gemütlich hin, wenn sich Ihr Kind, eine Woche nachdem es das neue Springseil bekommen hat, stolz vor Ihnen in Pose stellt und mit dem Enthusiasmus eines zukünftigen Olympioniken verkündet: »Mama, guck mal, was ich kann: Eins … zwei … drei … vier … fünf … sechs …« Chchrrrrrchrrrr.

Eine weitere, sehr amüsante und pädagogisch wertvolle Variante des Seilspringens ist die, bei der mehr als eine Person beteiligt ist. Investieren Sie in ein sehr langes Seil und lassen Sie die Kinder damit spielen. Das gleichmäßige Schwingen des Seils über Kopf und mit ausladenden Armbewegungen erfordert Ausdauer und Übung. Ein drittes Kind darf die Sahne abschöpfen, indem es zwischen den Schwingenden gelassen seine Sprünge zählt oder seinen Reim abfeiert. Schwingende Kinder können sich heimlich rächen, indem sie das Seil sukzessive ein wenig schneller schwingen. Immer ein wenig schneller. Und schneller. Oder man schwingt das Seil sehr knapp über dem Kopf des Kindes, das führt meist auch zu schnellem Abbruch des Hüpfaktes. Hat dieses unsäglich unsoziale und verachtungswürdige Verhalten dazu geführt, dass ein Kind aufgrund einer Verletzung oder weil es dem psychischen Druck nicht gewachsen war, frühzeitig ausscheidet, dann kann man das Seil auch an einen festen Gegenstand binden und zu zweit weiter schwingen und hüpfen. Das Spiel alleine zu spielen, davon rate ich ab. Denn es ist ungleich schwerer, ein vier Meter langes Seil alleine so zu schwingen, dass es zu einer Hüpfbefriedigung kommen kann. Die Behelfsvariante für Eremiten ist ein Ring um den Fuß mit einem Seil und einem Gewicht am anderen Ende. Man schwingt das Seil geschickt um den Fuß und hüpft elegant mit dem anderen darüber. Das funktioniert gut. So ein bis zwei Umdrehungen sollten das Kind aber auch schon befriedigen, denn mit mehr könnte es dann schon bei Castingshows auftreten.

Gemeinsames Seilspringen fördert die Gemeinschaft und festigt das Zusammengehörigkeitsgefühl. Kinder, die Springseil schwingen, sind ein Magnet für andere Kinder. Aber Achtung: Die Anzahl der Hüpfanwärter sollte begrenzt bleiben, denn eine Variante, bei der derjenige ausscheidet, abgeschoben, ausgewiesen wird, der am wenigsten Sprünge schafft, kann wohlbehütete Einzelkinder mit Alleskönnergrößenwahn schnell in schwere Depressionen stürzen. Mit der Folge von Nachlassen der schulischen Leistungen und Ende im Drogenentzug.

Und hier noch ein Tipp: Stellen Sie sich möglichst unauffällig, aber entsprechend ungeschickt an, wenn Sie als Erwachsener in das Spiel mit eingebunden werden und das Seil schwingen sollen. Dann sind Sie ganz schnell raus aus der Nummer und können sich wichtigeren Dingen widmen wie Bügeln oder Staubsaugen.

Ein Seil spornt Kinder zur Bewegung an. Und Bewegung macht schlau. Geben Sie einem Kind das Seil in die Hand und lassen Sie es laufen. Andere Kinder (sofern vorhanden) dürfen es jagen und versuchen, auf das Seil zu treten. Bei Erfolg wird gewechselt. Sie werden sehen, so schnell haben Sie Ihre Kinder noch nie flitzen sehen. Das Kind kann auch ganz alleine, ohne Verfolger mit einem Seil in der Hand rennen. Das ist zwar weniger spannend, aber das Erfolgsgefühl, niemals erwischt zu werden, ist enorm. Wenn es die Kreise groß genug zieht und das Seil lang genug ist, kann es auch versuchen auf sein eigenes Seil zu treten. Sieht lustig aus, aber achten Sie darauf, dass es dabei nicht beobachtet wird. Um den Kick zu erhöhen, binden Sie dem Kind das Seil fest um den Bauch und geben das Startzeichen. Bei einem Erfolgstritt wird das Kind automatisch ruckartig gebremst, und Sie werden sehen, beim nächsten Mal sind die Gejagten NOCH schneller.

Sollten sich bis dahin immer noch keine verfeindeten Grüppchen gebildet haben, teilen Sie die Kinder willkürlich in zwei Gruppen. Dann lassen Sie die Kinder am Seil ziehen. Tauziehen. Vormals als gewaltfreier Wettstreit erfunden, diente er zum Aggressionsabbau und Kräftemessen. Flüstern Sie der von Ihnen favorisierten Mannschaft heimlich ein paar Tipps zu. Hacken in den Boden stemmen, die schwereren Kinder am Ende des Seils, Körper nach hinten legen, gleichzeitig ziehen, einharzen der Hände. Bereichern Sie den Wettkampf, indem Sie einen Bach auswählen, an dessen gegenüberliegenden Ufern das Seil gezogen werden soll. Oder legen Sie in die Mitte der beiden Gruppen einfach ein wenig Stacheldraht, das belebt die Motivation. Tipp: Das Seil sollte nicht dehnbar sein und nicht reißen.

Zum ruhigen Ausklang eines wunderschönen Seilnachmittags mit nur wenigen ernsthaften Verletzungen dürfen die Kinder dann noch einmal mit geschlossenen Augen über ein am Boden liegendes Seil balancieren. Wer danebentritt, scheidet aus und darf endlich nach Haus.

Die eigentliche Funktion des Seiles sollte aber auch nicht unerwähnt bleiben. Nämlich Dinge zusammenzuhalten, zusammenzubinden, eine Befestigung zu bieten. Mit einem Seil kann man sich im Wald eine behelfsmäßige Hütte bauen, indem man es zwischen Bäume spannt und Zweige oder herumliegende Plastiktüten (die ja zu jedem richtigen Waldbild gehören) darüberwirft und dann darunterkriecht. Man kann mit dem Seil einen reißenden Fluss überqueren oder einen beim Überqueren Hineingefallenen retten. Man kann sich in der Dunkelheit aneinanderseilen und geht nicht verloren. Außer in Horrorfilmen, in denen plötzlich das Seilende einsam und lose herunterbaumelt, an dem gerade noch der wunderschöne Highschoolfootballspieler hing.

Man kann aber auch an einem Seil in einen See schwingen und sich am höchsten Punkt fallen lassen. Wassertiefe und an dieser Stelle im Wasser treibendes Treibgut, also Holz oder vorher gesprungene Kinderkörper, sollten vor dem Sprung besondere Beachtung finden. Die romantische Vorstellung, mit dem Seil Anlauf zu nehmen und sich dann weit über der Wasseroberfläche fallen zu lassen, ist wunderbar. Vorausgesetzt, die Zurückgebliebenen bekommen das Seil auch immer gleich nach dem Sprung wieder zu fassen. Eine Seilrückholaktion kann je nach Schwierigkeitsgrad und Unwegsamkeit des Geländes den ganzen Sommerspaß verderben. Und ein dringender Hinweis für Seil-in-See-Schwinger: Bitte, lasst das Seil los. Das Zurückschwingen kann unter Umständen von Böschungen oder Felswänden jäh gestoppt werden.

Kinder spielen gerne mit Seilen. Es ist ein so vielseitig einsetzbares Spielgerät. Und selbst wenn mal KEIN Seil vorhanden ist, dann spielen sie damit. Wie das geht? Die Kinder stellen sich einander gegenüber an den Straßenrand. Wenn sich ein Auto nähert, dann tun sie so, als würden sie ein Seil vom Boden greifen und es über die Straße spannen. Der Autofahrer sieht zwar nicht das Seil, aber die Situation und reagiert blitzschnell mit einer Vollbremsung. Das ist in einer verkehrsberuhigten Gasse vielleicht ganz witzig, aber an einer viel befahrenen Straße mit hohem Verkehrsaufkommen kann das schon mal zu einer Massenkarambolage führen. Ein toller Spaß für die Kinder, ein teurer für die Eltern.

Papier

Dass Papier nicht nur zum Buchstabenfesthalten da ist, erfährt jedes Kind mit dem ersten Papierdreieckshut oder wenn ihm ein perfekt gefalteter Papierflieger mit aerodynamischer Schnauze das Auge aufspießt. Bötchen falten gehört zur Grundausbildung eines Kindes, und diese sind glücklicherweise ohne große Origamivorkenntnisse zu fertigen.

ORIGAMI, die japanische Kunst des Papierfaltens, hat auch in unserer Kultur seine Anhänger und regaleweise anleitende Literatur gefunden. Die auch in meinen Haushalt Einzug gehalten hat. Na ja, ich habe sowieso jeden modischen Schnickschnack mitgemacht, der mir die pädagogisch wertvolle oder zumindest andauernde Beschäftigung meiner Kinder ansatzweise versprochen hat. Also auch Origami. Das ist ganz einfach. Aber für wen? Weder meine Kinder noch ich haben je einen Kranich oder dreidimensionalen Stern aus dem von uns mühevoll und genau nach Anleitung gefalteten Papierstück erkannt. Die aus Wut zusammengeknüllten Faltversuche sahen dann endlich mit etwas Fantasie nach einem Schwein mit Hautausschlag oder einem noch unentdeckten Meeresbodenbewohner aus. Wir entschieden uns, dass Hütchen, Flieger und Bötchen für unsere Faltansprüche genügen. Kennen Sie noch »Himmel und Hölle«? Man faltet ein Stück Papier so, dass bei unterschiedlichen Öffnungen entweder »Himmel« oder »Hölle« erscheint. Auf die heutige Zeit und kapitalistisch erzogene Kinder umgemünzt, müsste man natürlich die Ergebnisse anpassen. Was käme da in Betracht? »Bankmanager« und »Hartz IV«?

Für ungeschicktere und ungeduldige Zeitgenossen ist Papier in seiner geknüllten Form aber ein wesentlich leichter herzustellendes Spielutensil. Ein geknüllter Papierball ist ein Ball, das sieht man an seiner einigermaßen runden Form. Man kann ihn also kullern, werfen, schießen. Man kann damit Tennis spielen, Kicker, ihn schnipsen, eben all das machen, was man mit einem Ball oder Bällchen oder Kügelchen auch machen würde. Für spätere Büroangestellte ein MUSS.

Auf einem Papier kann man natürlich auch zeichnen und malen. Logisch. Und je unspektakulärer und stupider die Regeln eines Papier-Stift-Spiels sind, desto beliebter sind die KRITZELSPIELCHEN. So konnte sogar ich endlich mal »Schiffe versenken«: Dabei muss man nämlich nur von seinem Punkt auf einem Blatt Papier aus einen gegnerischen Punkt auf demselben Blatt abschießen, indem man den Stift mit einem möglichst schnellen und unkontrollierten Rutsch von seinem Bötchen »abfeuert«. Streifschüsse gelten als halbe Treffer und die Diskussionen darum gehören dazu und fördern die soziale Kompetenz. TicTacToe, Stadt Land Fluss, Käsekästchen und Hangman sind die Evergreens und vertreiben auch heute noch die nagende Langeweile bei Momenten, in denen wir zur Passivität verdammt sind, wie Zugfahrt, Autofahrt, Arztzimmer oder Warten auf den Schulgong, der das herbeigesehnte Ende der Erdkundestunde verkündet.

Ein großer KARTON ist für Kinder ein wahres Spieleparadies. Nach der Benutzung könnten Sie ihn im Altpapiercontainer entsorgen, aber Sie werden sehen, so preiswert haben Sie noch nie Ihre Kinder beglückt. Verwenden Sie doch gleich den Karton, in dem Sie den neuen Großbildschirmfernseher geliefert bekommen haben. Stellen Sie ihn einfach in die Mitte Ihres Wohnzimmers und warten ab, was passiert. Sollten die Kinder sich erwartungsvoll aufs Sofa setzen und fordern, dass endlich der Fernseher angeschlossen wird, dann müssten Sie Ihre bisherige Erziehung zu kreativen, ideenreichen, innovativen Persönlichkeiten noch einmal überdenken. Andernfalls wird der Karton sofort okkupiert und eine spannende Reise in einem imaginären Auto beginnt. Oder Kinder nutzen ihn als Höhle, in der man seine Ruhe vor den ständig fordernden Eltern hat. Je nach Größe des Kartons kann dieser als Schiff,

Zug, Auto oder Haus dienen oder zur Ritterrüstung umfunktioniert werden, indem man zwei Löcher für die Arme und eines für den Kopf hineinschneidet. Die Bewegungsmöglichkeit des Kindes ist dadurch natürlich stark eingeschränkt, aber das stört uns Erwachsene ja nicht. Einen Besenstiel als Ruder zum Boot, ein Kissen für die Gemütlichkeit, ein paar Kekse als Proviant, und los geht die Reise. Muss ein Hafen (Sofa) unbedingt erreicht werden, dann kann ein Kind in die schäumende Gischt springen und das Kartonboot umständlich an Land ziehen. Dort kann es sich dann endlich auf Knopfdruck in ein Flugzeug verwandeln und die Reise geht weiter.

Woher aber nehmen wir einen Karton, wenn gerade keine größere Versandhausbestellung eingetroffen ist? Wir schleichen uns hinter das nächste Möbelhaus, einer steht Schmiere und der andere stibitzt sich aus dem Kartonmüllcontainer einen gewaltigen, riesigen Karton. Den kann man zwar aufgrund seiner Größe nirgendwohin transportieren, weil der kleinste Windstoß das Kinderfahrrad zum Leichtflugzeug macht, aber allein der vorübergehende Besitz macht glücklich. Kleine Kartons sind aber doch auch was Schönes. Sie dienen als Garagen für Spielzeugautos, Puppenbetten oder schützen über den Kopf gestülpt vor dem direkten Blick auf die aufblühenden Pickel. Ich persönlich verwende kleinere Kartons haufenweise als Stauraum für Bastelarbeiten … MEINE Bastelarbeiten.

Seifenblasen

Seifenblasen selber herzustellen ist keine große Kunst und klappt auch in 50 Prozent der Fälle ganz gut. Man kann große Seifenblasen aus Plastikflaschen machen, denen der Boden herausgeschnitten und der Rand in kleinen Abständen eingeschnitten und ein bisschen nach außen gebogen wird. Kleine Seifenblasen schweben aus Trinkhalmen und man kann sogar mit bloßen

Händen Seifenblasen bilden. Auch große Ohrringe eignen sich hervorragend dazu. Man kann Seifenlauge fertig kaufen und geht somit kein Risiko ein, dass die Seifenblasen schon beim ersten Windhauch in Fetzen gerissen werden. Aber wo bleiben da die Spannung und das Trainieren der Frustrationsbewältigung? Für die Eigenherstellung gibt es zahlreiche Varianten. Was nie fehlen darf, ist Wasser und Spülmittel. Man kann noch die Mischungen mit Glycerin, Zucker, Backpulver und Schmierseife versuchen. Viel Glück. Bei mir funktioniert das nie.

Wenn man nun endlich eine Flüssigkeit gefunden hat, die die erwünschten Ergebnisse bringt, kann man Hunderte von bunt schillernden Blasen produzieren. Man kann sogar Nachbarn und nahe gelegene Kinderheime mit überproduziertem Blasenschleim versorgen. Allzu viele Spielmöglichkeiten bieten Seifenblasen ja nicht. Und dennoch üben sie eine Faszination auf uns aus. Nicht umsonst gibt es viele Künstler, die sich auf das Spiel mit Seifenblasen spezialisiert haben und uns mit riesigen, bunten Blasen erfreuen, mit ihnen jonglieren, sie aus dem Nichts entstehen lassen und kleine Blasen mit noch kleineren Blasen füllen, um dann einen Wirbelsturm aus Rauch darin zu erzeugen. Die Faszination, so etwas Fragiles und dennoch Großes aus eigener Hand herzustellen, lässt uns nicht mehr los. Seifenblasen sind unkontrollierbar und vergänglich. Und dennoch erschaffen wir sie immer wieder neu und sehen ihnen zu, wie sie schweben. Sie tragen unsere Träume davon und nehmen sie mit in den Himmel. Bis sie zerplatzen.

Plus/Minus

MAGNETE sind ja so cool. Ich kenne kein Kind, das nicht davon fasziniert ist. Zumindest über einen gewissen Zeitraum. Wenn man mal davon absieht, was er alles anziehen kann, so ist es immer wieder eine Freude, zu beobachten, wie Kinder versuchen zwei gleiche Pole aneinanderzupressen. Es … muss … doch … gehen! Auch heute noch kann ich nicht verstehen, warum Gleich und Gleich sich abstoßen und nicht zueinanderfinden können. Wie traurig ist das.

Niedliche, unscheinbare Magnetchen finden sich an Kühlschränken und unter Kühlschränken (genauer gesagt, an der Unterseite anmagnetisiert und für immer vergessen). Früher waren sie noch eine kostbare Rarität, heute erkennt man kaum noch die Farbe des Kühlschranks vor lauter verjährten Stundenplänen, Elternbriefen, nicht erledigten Rechnungen, Fotos und Kindergeburtstagseinladungen. Ein Streifzug durch die Wohnung lässt die kleinen Naturforscher schnell erkennen, was alles metallisch ist. Es fangt an bei Schräubchen, Schlüsseln, Geländern, Küchengeräten, Heizung und endet mit den überraschten Worten: »Guck mal, Mama, dein Laptop ist magnetisch!« RAUS. Raus mit den Kindern. Binden Sie einen langen Faden zwischen Kind und Magnet und jagen Sie es vor die Tür. Dort kann es nach Herzenslust weiter experimentieren. Und glauben Sie mir, es wurde schon manch einer reich, weil er verstand, dass Gullis an belebten Straßenrändern/Einkaufspassagen und Magneten an Bindfäden ein erfolgreiches Gespann sein können. Vorausgesetzt, die Münzen und Uhren enthalten Metall. Freudig erregt über die gefundenen Schätze schleift man nun lässig den Magneten beim Heimweg hinter sich her. Und das kann zu Hause zu tollen Überraschungen führen. Da hängen klitzekleine Eisenspäne dran von der Autowerkstatt, an der man kurz anhielt, um den Feuerfunken unter dem Auto den gebührenden Aufmerksamkeitstribut zu zollen. Oder Nägel, Zahnspangen, abgefallene Auspuffe oder eine Rentnerin, die an ihrem Rollator festklebt wie der Teufel an der armen Seele.

Irgendwann hat das Kind sich an den kleinen harmlosen Magneten ausgetobt und strebt nach Höherem. Besorgen Sie nun bald einen größeren Magneten. Die beste Quelle ist die

kaputte Festplatte des alten 586er im Keller. Die Stärke der verwendeten Magnete wird Sie erstaunen. Und nun führen Sie das Kind in die Geheimnisse des »Magnetisierens« ein. Einen ollen Stahlnagel von der Baustelle einfach ein paar Mal mit dem Magneten reiben und der Nagel wird selbst zum Magneten. Und HUCH, ward das Kind drei Tage nicht gesehen, weil es alles magnetisieren will, was es in die Finger kriegt. Alle magnetisierten Metallgegenstände erreichen übrigens ihren Urzustand wieder, indem man sie auf den Boden wirft und somit Erschütterungen aussetzt, die den Magnetismus beseitigen, zerstören, zunichtemachen.

Magnete sind Spielzeuge, die Sie Ihrem Kind unbedingt zugänglich machen sollten. Sie lernen nicht nur, dass Spinat eben doch nicht so viel Eisen enthält, wie ein Kommafehler uns jahrelang hat glauben lassen, sondern sie sind auch intensiv und dauerhaft beschäftigt. Juchu. Magnetismus funktioniert auch durch Pappe, Papier oder bei starken Magneten durch Tischplatten oder Türen hindurch. Kreative Geister wissen sich dies durchaus zunutze zu machen, um Spielideen zu entwickeln oder um durch beeindruckende Tricks ihren lädierten Sozialstatus in der Gruppe zu reparieren.

Aber Magnete sind auch Teufelswerk, wenn sie in die falschen Hände geraten. Einige Tierarten orientieren sich nämlich anhand des Erdmagnetfeldes. So stellt sich die Frage: Kann ich einen Vogelschwarm mit einem großen Magneten vom Flug abbringen? Kann ich meinen Hamster beeinflussen, im Rädchen in die andere Richtung zu rennen, und kann ich ein Wespennest gewinnbringend als Waffe gegen den gemeinen Uwe aus der Oberstufe einsetzen? All dies gilt es herauszufinden, und bis die Kinder das getan haben, haben wir mehrere Cappuccino ausgetrunken und alle Zeitungen ausgelesen.

Fingerfadenhexenspiel

Bei der Erwähnung des Fingerfadenspiels gibt es bei vielen Erwachsenen einen winzigen kleinen Ruck im Gehirn in der Abteilung für vergessene Spiele. Ach jaaa, diese Geschicklichkeitsspiele, bei denen man mit einem Faden zwischen den Händen hin und her gefädelt hat, bis sich am Ende die tollsten Figuren zwischen den Fingern gespannt hatten. Man kann es alleine spielen und sich selber an seinen Fähigkeiten und Erfolgen freuen. Dabei sind auch durchaus mal die Zehen als dritte Hand hilfreich. Fadenspiel, Hexenspiel, Abnehmspiel oder cat's cradle wird der uralte Zeitvertreib genannt. Für die Anleitung bitte ich Sie, die örtliche Bibliothek oder das Internet zu bemühen, oder fragen Sie doch einfach mal Ihre Eltern oder Großeltern. Die wissen nämlich noch, wie man sich ohne Computermaus und Tastatur die Finger und den Geist lockern kann. Und wenn

Sie ihnen einen zugeknoteten langen Faden hinhalten und sie nach Fingerfaden- oder Hexenspielen fragen, wird Folgendes passieren: Der Befragte wird die Stirn runzeln, dann sieht man seine Augen nach hinten ins Gehirn wandern und suchen, uralte Schubladen in seinem Gedächtnis aufmachen und wieder schließen, dann plötzlich erhellt sich sein Gesicht, er nimmt den Faden auf und beginnt nach kurzer Orientierung »zack zack zwirbel zwirbel …« das indische Stirnband zu fädeln, um es eineinhalb Sekunden später stolz in eine Hose mit Hosenträgern zu verwandeln.

Und warum sollen wir Fingerfädeln? Ganz einfach: Weil die Region des Gehirns, die für das gezielte Bewegen der Hände und Finger zuständig ist, unter anderem AUCH für das Rechnen zuständig ist. Also fädeln wir! Fädeln wir um das spontane taschenrechnerfreie Wurzelziehen, um arithmetische Höchstleistungen und um den Platz an der Front in der Buchhaltung des ortsansässigen Versicherungsunternehmens.

Hüpfekästchen

In einem Buch über Spiele, die überall und nahezu ohne Material gespielt werden können und die ohne finanziellen Aufwand bewerkstelligt werden können, darf der absolute Klassiker unter den Bewegungsspielen, DIE Nummer eins der genannten Straßenspiele, nicht fehlen: das »Hüpfekästchen«. Dabei werden einige »Kästchen« hintereinander auf den Boden gemalt, nummeriert und nacheinander »abgehüpft«. Es gibt Varianten, bei denen ein Steinchen in ein Feld geworfen werden muss und dann auf dem Rückhüpfweg wieder aufgesammelt werden muss.

Hüpfekästchen kann man in die Erde ritzen oder mit Kreide, abriebfreudigen Steinen oder Blut auf den Asphalt malen. Als Wurfobjekt eignet sich alles, was beweglich ist. Tannenzapfen,

Erdklumpen, Münzen, Haustürschlüssel, Basecaps, Handschuhe, egal. Der Untergrund muss nicht mal eben sein, dann stellt das Treffen der Kästchen eine spannende Herausforderung dar. Und dunkler Teer und ein heißer Sommertag eignen sich hervorragend, um dem Spiel eine gewisse Dynamik zu verleihen. Hüpfekästchen kann man ohne Ausrede ÜBERALL spielen.

Aber warum soll man sich überhaupt die Mühe machen, sich zu bewegen, und möglicherweise noch die Gesundheit seiner Gelenke riskieren? Weil Hüpfen und Springen angeblich das Stammhirn stimulieren und aufputschen, das für die essenziellen Aufgaben des Körpers, wie z. B. Stoffwechsel, Atmung und Fortpflanzung, zuständig ist. Deshalb.

Klebmasse

KNETE ist ein Dauerbrenner, der nichts weiter benötigt als sich selbst. Und ein paar willige Hände, die sie formen. Keine weiteren Hilfsmittel wie Schere, Papier oder Klebstoff. Gut, manch ein allzu kreatives Kind kommt schon mal auf den Gedanken, Knete auch mit diesen Bastelutensilien zu bearbeiten, aber selbst das sollte man tolerieren und unter dem Aspekt »experimentierfreudig« abhaken.

Gedanken und Träume in Form zu bringen, das erfordert Geschick und Geduld. Der Weg dorthin führt über das Drücken, Quetschen, Löchern, »Wursteln« und »Kugeln« der Knete. Die Möglichkeiten sind unbegrenzt. Alles, aber auch ALLES kann nachgebildet werden. Könnte. Denn meine Kinder neigen dazu, anstatt einer filigranen Botticelli-Statue SCHLANGEN zu kneten. Und noch mehr Schlangen. Oder Schnecken. Variiert einzig durch die Farbunterschiede der Knetmasse. Aber ich gebe die Hoffnung nicht auf und freue mich, dass Knetarbeiten im Gegensatz zu Salzteigschlangen, die gebrannt für immer die Vitrine bevölkern (bis Besuch kommt), VERGÄNGLICH sind. Eine gekordelte Knetwurst mit Knetkugelpickeln lässt sich nun mal nicht konservieren, auch nicht, wenn man sie in den heißen Backofen zum schnelleren Trocknen legt. Wussten Sie, dass Knete unter Flüssigkeitszufuhr seine stabile Konsistenz verliert? Und weil sie dann an Attraktivität einbüßt, landet sie in der Ecke, und nach wenigen Wochen ist sie unter einer Decke flaumigen, stinkigen Pilzbewuchses verschwunden. Und selbst die weihnachtlichen Plätzchenteigkreationen verschwinden irgendwann in der Kanalisation, ob nun einmal durch den menschlichen Körper gewandert oder auch nicht.

Knete oder ähnliche Konsistenzen, die die kindliche Fantasie wegen ihrer großen Formbarkeit ansprechen, findet man überall. Lehm aus dem Garten, Hefeteig, der zum »Gehen« auf der Heizung stand, und wenn man sich mit wenig Material begnügt, auch Nasenpopel. Mit alldem lässt sich der kreative Geist wecken und das Verlangen befriedigen, sich seine Welt zu verbildlichen.

Knetmasse regt die Vorstellungskraft an, fördert die motorische Geschicklichkeit und wirkt sich positiv auf das räumliche Denken aus.

Und Knete dient als Pfeilspitzengewicht, Gewicht in kleinen Bötchen oder an Papierflugzeugen. Sie beschwert selbst gebastelte Dartpfeile und klebt an allem, woran sie kleben soll. Haare, Schuhsohlen und Teppiche inklusive.

Murmeln

Murmeln gehören definitiv zur Grundausstattung in jedem Haushalt mit ein bis zwanzig Kindern. Murmeln bieten derart viele Einsatzmöglichkeiten, dass auch heute noch unzählige Säckchen, Döschen und Eimerchen über den Ladentisch wandern. Murmeln können aus den unterschiedlichsten Materialien wie Holz, Stein oder Ton sein, aber die Glasmurmel führt die Beliebtheitsskala mit Abstand an. Meine Güte, was haben wir getauscht, geschussert, gesammelt und geschnipst. Haben Murmelbahnen in Sand gebaut, sie mit Wasser befestigt und abends den Verlust von etlichen Lieblingsmurmeln bedauert, die unter Sandbergen verschüttgegangen sind. Daraus entstand auch die Idee, an einem Kindergeburtstag zwei Hände voll Murmeln in den Sandkasten zu werfen, zu verbuddeln, und wer nach dem Startschuss die meisten gefunden hatte, der hatte gewonnen. Wir haben leere Klorollen der Länge nach halbiert, sie untereinander an die Tür geklebt und die Murmeln darin rollen lassen. Höher, schneller, weiter.

Mit Murmeln kann man immer und überall spielen. Man kann sie im Restaurant kullern lassen und sich an dem Chaos erfreuen, wenn das Bedienungspersonal mit sieben Tellern und einem Getränketablett auf der rollenden Gefahr die Bodenhaftung verloren hat. Beim Kinderarzt im Wartezimmer kann man das dankbare Spielzeug kullern lassen, erstaunt beobachten, wie kleine Kinder versuchen, ihre Luftröhre damit zu verstopfen, und gleich darauf von ausgebildetem Fachpersonal lernen, wie Murmeln wieder aus den Atemwegen von Kleinkindern entfernt werden. Murmeln verschwinden aber auch in allen Ritzen, die es von der Größe her zulassen. Auch Staubsauger ernähren sich davon. Gleich nach Legosteinen und Puzzleteilen.

Natürlich kann man auch normale Spiele damit spielen. Spiele, die Geschick und Treffsicherheit trainieren. Also Zielwerfen – wobei die eigentliche Herausforderung in der Kullereigenschaft der Murmel selbst liegt. Sie bleibt nicht stoisch an dem Ort liegen, an dem man sie hingeworfen hat, sondern sie kullert unberechenbar und erinnert mehr an ein Glücksspiel als an ein kalkulierbares, punktgenaues Treffspiel. Der Klassiker besteht immer noch darin, die »Taube« (eine besondere Murmel) mit den eigenen zu treffen. Wie beim Boccia. Nur dass man Murmeln immer in der Tasche haben kann, Bocciakugeln weniger, die beulen die Hosentaschen so aus und verursachen Druckschmerz beim Hinsetzen.

Eine Mulde im Sand oder ein umgedrehter Schuhkarton mit einem oder drei ausgeschnittenen Törchen geben ein prima Ziel ab. Man kann sich überhaupt alles als Ziel aussuchen, und Murmeln ist es egal, ob sie drinnen oder draußen gekullert werden. Sie verschwinden sowieso, denn irgendwann kommt das Kind in einem Anfall von Forscherwahn auf die Idee, wissen zu wollen, wie es IN einer Murmel aus GLAS aussieht. Und das ist deren Tod. Um dem zu entgehen, verbuddeln sie sich im Sand, fliehen in eine Sofaritze oder rollen unter den Schrank. Lieber ein eremitisches Leben in vergessener Abgeschiedenheit, als in den Tiefen eines Glascontainers zu verschwinden, um nach aufwendigem Recycling als Seltersflasche wieder aufzutauchen.

Spiele, die eine Rolle spielen

ROLLENSPIELE sind ab ungefähr zwei Jahren interessant für Kinder. Und sie bleiben es auch bis in alle Ewigkeit. Was im Kleinkindalter »Mutter-Vater-Kind« ist, ist im herangewachsenen Alter eine Vielzahl von Computerspielen und in manchen vereinzelten Hinterzimmern sogar eine bestimmte Form von reglementierten Rollenspielen, bei denen Erwachsene in einer Fantasiewelt Abenteuer bestehen müssen. Das kindliche Rollenspiel dient aus entwicklungspsychologischer Sicht oft dazu, die Erwachsenenrolle einzuüben, Konflikte zu lösen, ohne dass die eigene Persönlichkeit betroffen ist, andere Standpunkte zu verstehen und Ängste zu bewältigen. Das Kind kann Herrscher oder Diener sein, wobei Eltern oft nur schwer akzeptieren können, dass ihr Kind gerne auch mal die devote Rolle übernimmt. In einer Rolle fühlt sich das Kind sicher, denn es kann jederzeit wieder aussteigen, wenn es ihm zu »heiß« wird. Als eine andere Person kann man Grenzen überschreiten und Szenen nachspielen oder einüben, man erweitert die Vielschichtigkeit seiner eigenen Persönlichkeit.

Kinder spiegeln die Erwachsenenwelt wider, wie sie sie empfinden. Ein fein säuberlich abgetrennter Puppenkopf kann beispielsweise Anlass zur Sorge geben oder ein Hinweis auf besondere chirurgische Fähigkeiten sein. Der Interpretationsspielraum ist riesig. So sollte man aber ein achtlos weggeworfenes Puppenkind mit ungekämmten Haaren und schmuddeliger Kleidung nicht als Hilfeschrei wegen Vernachlässigung bewerten. Oder doch?

Für Rollenspiele eignen sich die einfachsten Hilfsmittel. Ein Tuch als Kopfbedeckung, Gürtel, Schleier, Umhang, oder um die Hände eines »Diebes« zu verbinden. Stellen Sie Ihrem Kind aussortierte Kleidung zur Verfügung. Einen Hut, eine (Sonnen) Brille, ein bisschen Schmuck. Aber geben Sie niemals das Okay, dass die Kinder ungefragt an Ihren Kleiderschrank dürfen. Es sieht zwar süß aus, wenn die kleinen Schauspieler in wallenden Abendkleidern die letzte Party nachspielen oder sich als Prinzessin der Aufgabenverteilung ihrer Untertanen widmen, aber so manches geerbte Einzelstück kann danach leider nicht mehr weitervererbt werden. Und umgeknickte Füße vom Laufen in Mamas Hochhackigen lassen sich in der Notaufnahme des Krankenhauses nur schwer erklären.

Dompteur, Pferdeführer, Tiere lassen sich leicht darstellen, sie müssen keine großen Reden schwingen, tun meist, was ihnen gesagt wird, und begnügen sich mit kargen Streicheleinheiten oder imaginären Leckerli. Bei Rollenspielen als »Tier« ist oft zu beobachten, dass sich Kinder in der devoten Rolle sehr wohlfühlen. Haben sie einen guten und liebevollen »Dompteur« erwischt, so haben sie ein gutes Leben. Sie bekommen Lob für einfaches »Männchen machen« oder hüpfen. Werden gekuschelt und gehätschelt, wenn sie ihre Sache gut gemacht haben. Die Aufgaben sind einfach und leicht durchführbar. Die Kinder müssen keine große kognitive Leistung erbringen und können wunderbar entspannen. Anders der Dompteur. Der schreit oft nach wenigen Minuten: »Jetzt will ICH mal der Löwe sein!« Außer er hat eine genetische Veranlagung zum »Herrschen« und trainiert seine Führungsqualitäten.

Keep it simple. Versuchen Sie den tollen Angeboten an Verkleidungsmaterial zu widerstehen. Ein normaler Gürtel dient ebenso gut dazu, eine »Pistole« am Körper zu befestigen, wie das ornamentierte Halfter einer teuren Cowboyausrüstung. Eine leere Küchentuchrolle mit einer Alufolienkugel ersetzt das Zepter. Kinder entwickeln eine unglaubliche Kreativität, wenn sie müssen. Sicher gibt es beispielsweise perfekt ausgerüstete Miniküchen mit Ofen, Herd, Schalter und Töpfen in allen Größen, Farben und Formen. Und dazu die passenden Minihamburger und Minipommes und Kunststoffeiskugeln. Aber wo sind denn die Zeiten hin, als wir noch Sandkugeln auf Becher geformt haben und sie uns gegenseitig als Schokoeis verkauft haben? Als wir das, was wir brauchten, mit unserer Fantasie beblümten und ein altes Plastikstäbchen Kuchenschieber und japanisches Filetiermesser gleichzeitig sein konnte.

»Ich wär der Hundeausführer und du der Hund.« Die »wäre«-Formulierung erklärt ohne Umschweife, was wer wie ist, und sofort weiß jeder, worum es geht. In meiner Schauspielschule gab es ein Unterrichtsfach, das »Improvisation« hieß. Es war nichts anderes als: »Ich hätte gesehen, wie der Freund meiner Freundin eine andere knutscht. Du wärst wohl dieser Freund und nun treffen wir uns zufällig an der Bushaltestelle.« Oder: »Ich wär' der Lehrer und hätte gesehen, wie du spickst, und ich wüsste wohl, dass du mit einer Sechs durchfallen würdest.« Rollenspiele helfen Kindern, die Gegenseite zu verstehen, und eine Bandbreite von Lösungsmöglichkeiten tut sich auf.

Kinder sind beim Erfinden von erdachten Geschichten noch viel lockerer und einfallsreicher als Erwachsene. Sie halten sich nicht an Normen fest, sitzen nicht auf realen, eingeschränkten Möglichkeiten herum. Sie fliegen auf Teppichen durch die Luft, fahren auf einer Matratze durch die ganze Welt, verdursten fast in der Sahara und tauchen durch das Wohnzimmer ohne Sauerstoffgerät. Kinder sehen die Horde bewaffneter Reiter auf sich zukommen und schaffen es im letzten Moment, ihnen durch den gerade erfundenen Zaubertrank zu entkommen oder sie mit einem Feuerball auseinanderzusprengen. In ihren Fantasiereisen dürfen sie herannahenden Piraten das Messer in die Brust stoßen, dürfen dem Riesen eine Bombe in den Mund werfen und die mächtige Hexe durch ein Elixier schmelzen lassen. Lassen Sie die Kinder selbst auf die Ideen kommen. Damit ist sichergestellt, dass sie auch das spielen, was sie gerade beschäftigt, und damit ist wiederum eine Verarbeitung des Erlebten oder Gesehenen gewährleistet. Ich selbst konnte mich eines schönen Nachmittages der Faszination der surrealen Welt nicht mehr entziehen, als ich mit den Kindern ein Kindercomputerspiel nachspielte mit Wegen, die bewältigt werden mussten, ohne den giftigen Todesschleim zu berühren. Wir mussten Lichtpunkte und »Looms« sammeln, um unsere Lebenskraft zu stärken, falls wir von imaginären Monsteraliens angegriffen würden. Wir konnten uns gegenseitig Rückendeckung geben gegen die Angreifer, indem wir diese wertvollen Lichtpunkte auf sie schleuderten, mussten auf dünnen Seilen den Lavastrom überqueren und konnten mit einem Riesenloom den nächsten Level erreichen. Und fremde Spaziergänger waren verzauberte Lichtfresser, die nur so taten, als könnten sie keiner Fliege etwas zuleide tun, aber in Wirklichkeit warteten sie nur darauf, uns zu erwischen. Hinzu kam ein Zeitfaktor, weil die Lebenskraft an bestimmten zu erreichenden Punkten wieder aufgeladen werden musste. Und auf dem Weg zu einem Lebenspunkt hangelte ich an einer rot-weißen Schranke über den todbringenden Lavafluss entlang und hing schweißgebadet mit allen Vieren die Stange umklammernd in der Mitte fest, als die Schuldirektorin meiner Tochter vorbeikam und mich augenbrauenhebend und etwas irritiert grüßte.

Der gute Wille zählt noch lange nicht

Abschließend werde ich nun doch noch eine Lanze für sie brechen. Die bösen, bösen elektronischen Medien. Aber ich werde versuchen, das Kapitel winzig klein zu halten, sodass es vielleicht gar nicht auffällt, weil man ja schon so müde ist von der Fülle an hilfreichen Informationen und inspirierenden, pädagogisch sinnvollen Weiterbildungsideen.

Den Computer zu verdammen und kategorisch des Hauses zu verweisen halte ich für ebenso schwachsinnig, wie dem Baby anstelle einer Rassel schon eine Computermaus in die Finger zu geben. Dreijährige können sicher mit einfachen Computerspielen umgehen, sonst gäbe es ja auch keine Industrie dafür. Aber sie MÜSSEN es nicht. Kleine Kinder kann man noch damit glücklich machen, dass man sie vor die laufende Waschmaschine setzt. Das Programm ist bunt und es bewegen sich Bilder. Reicht. Größere Kinder, die schon zwischen realer Welt und fiktiver Welt unterscheiden können, also Kinder im Jugendalter, müssen dagegen dem Druck der »wissenden« Klassenkameraden standhalten können. Sie müssen ebenso wissen, wer der aktuelle »DSDS-Star« oder welcher Vampir der süßeste ist. Sonst werden sie leicht ein Opfer von »Mobbing«, »Dissing« oder sonst wie »Ausschließing«. Und deshalb könnte man sie ruhig in Maßen gewähren lassen. Denn den Grundstock für angewandte Physik und die Neugier für die Dinge der realen Welt, die hat man ja schließlich schon die ersten zehn Lebensjahre geschaffen. Hat man doch, oder?

In der Schule wird verlangt, dass man mit dem Computer recherchiert und seine Arbeiten darauf schreibt. Der Jugendliche kommt also schlecht darum herum, sich ab einem gewissen Alter mit strombetriebenen Arbeitswerkzeugen zu befassen.

Informatikkurse bieten Schülern die Möglichkeit, in die Geheimnisse des PCs einzutauchen und ihn zu verstehen. Denn nur wer seinen besten Freund versteht, der weiß, wie er ihn vor einem Absturz bewahren kann bzw. ihm wieder auf die Beine helfen kann.

Für Kinder und Jugendliche stellt der Computer vorrangig ein Spielgerät dar. Die Faszination, seine Lebenszeit unbeweglich und weit entfernt von sozialen Konflikten oder Misserfolgen zu verbringen, ist größer als der Drang, sich in der Welt zu behaupten, den Kopf mit Wissen anzufüllen und sich fit für das reale Leben zu machen. Zu verlockend sind virtuelle Erfolge, aufblinkende Siegesbestätigungen und stetig kletternde Punkteskalen. Ich traf neulich einen Ex-Süchtigen, der im Alter von 16 Jahren bis zu 13 Stunden täglich und nächtlich im Netz hing und spielte. Aber er hat es geschafft. Er hat nach zwei Jahren seines jugendlichen Lebens, der Phase der wichtigsten Entwicklung im Heranreifen zu einem Erwachsenen, verstanden, dass er seine Zeit verschwendet hat. Ich traf ihn, als er gerade zwei Jahre »clean« war, und er beteuerte, das nicht mehr zu brauchen. Wie ein Alkoholiker, der sich an seinem Wasserglas festhält und beteuert, gar keine Lust auf Alkohol zu haben, während er sich den Sabber vom Mundwinkel wischt beim Anblick des frisch gezapften Pils in der Hand seines Gesprächspartners.

Medienkompetenz ist DAS Schlagwort im Umgang mit elektronischen Medien. Medienkompetenz bedeutet, Schaden zu vermeiden und die Medien sinnvoll für sich zu nutzen. Unter »Schaden« darf man ruhig ein aufgrund von Bewegungsmangel motorisch zurückgebliebenes, untersetztes Kind verstehen, das beim Fangen immer den Ball mit der Nase bremst und beim Rückwärtslaufen über einen Kiesel stolpert. Ganz abgesehen von schwerwiegenden psychischen Schäden: traumatisierte Kinder, die zu ihrem sechsten Geburtstag »Das Omen« in der Director's-Cut-Version geschenkt bekommen hatten oder bereits vor Übertritt in die weiterführende Schule wissen, dass ein Friedhof für Kuscheltiere alles andere ist als die letzte Ruhestätte für das geliebte Schnuffi oder den treuen Bärli.

Kinder und Jugendliche SIND medienkompetent. Sie wissen genau, was sie sehen und spielen wollen, und das bitte schön den ganzen Tag und über jedes Verbot hinaus. Früher mussten Eltern noch um die Unbescholtenheit und Jungfräulichkeit ihrer Kinder bangen, wenn diese nach der Schule mit Gleichaltrigen um die Häuser gezogen sind. Heute können sie ganz beruhigt davon ausgehen, dass die lieben Kleinen sich Freunde suchen, bei denen »Daddeln« zum alltäglichen Nachmittagsprogramm gehört und nicht der pädagogischen Medienerziehung zum Opfer gefallen ist. Bei uns zu Hause wissen Gastkinder ganz genau, dass alles, was Strom braucht, bei ihrem Besuch plötzlich defekt wird und unter keinen Umständen in Benutzung genommen werden darf. Komisch, vielleicht haben wir deshalb so wenig Besuch ...

Medienkompetenz zu vermitteln ist hauptsächlich Aufgabe der Eltern. Das klingt furchtbar, ist es auch. Denn wenn wir das Ziel verfolgen, unsere Kinder im Umgang mit den Medien fit zu machen, dann bedeutet das den eigenen Verzicht auf nachmittägliche Gerichtsshows, sensationsheischende Familienproblematik bildfüllend zum Mittagessen serviert und den Verzicht auf musikalische MTV-Dauerberieselung, in der die halbnackten, rhythmisch wackelnden Popos nicht etwa zum Kauf von Kondomen zum Schutz vor HIV animieren sollen, sondern zum Kauf der in Werbepausen angepriesenen iPods, Flatrates oder Klingeltöne. Kinder können den »richtigen« Umgang mit Computer und Co nur erlernen, wenn wir Erwachsene es ihnen vorleben. Ein vererbbares Medienkompetenz-Gen gibt es leider noch nicht. Zwar werden einige Dinge wie die »Liebe zur Natur« beispielsweise mit der Muttermilch eingesaugt, aber haben Sie schon mal einen Gameboy durch die Brustwarze flutschen sehen? Wir Eltern müssen unsere Ziele definieren und die Kinder auf dem Weg dorthin unterstützen.

Es ist unglaublich anstrengend, ein Kind auf einen Weg zu führen, der dem aktuellen Wissensstand zur Medienerziehung hundertprozentig gerecht wird. Das würde nämlich bedeuten, dass das Kind bis zum Alter von ungefähr zehn Jahren nur höchst dosiert fernsehen dürfte. Und wenn, dann nur mit den Eltern zusammen, und das ist ja nun genau das Gegenteil von dem, wozu der Fernseher gemeinhin seine Existenzberechtigung hat. Als Babysitter!

Haben Sie sich also für eine Medienkompetenz entschieden, die Ihnen das Leben vereinfacht, weil das Kind den ganzen Tag so schön ruhig am PC und vor der Glotze sitzt, dann »herzlichen Glückwunsch«. Ich hoffe, Sie haben einige Vorkenntnisse in Selbstverteidigung, wenn es aggressiv auf sie losgeht, um seinem naturgegebenen Drang nach Bewegung nachzukommen. Sollte es über den Punkt der Bewegungsfreude schon hinaus sein und mit der steten Zufuhr von fetthaltigen Nahrungsmitteln zufrieden sein, dann melden Sie es gleich von der Schule ab. Dort wird es sowieso nicht mehr klarkommen, es eignet sich sein Wissen, das es für das Leben am Rande der Gesellschaft braucht, vielmehr in stupidem Drücken von Tasten und minimaler Handbewegung für die Maussteuerung an.

Sollten Sie Ihre Ziele höher gesteckt haben, dann stehen Ihnen ungleich schwerere Zeiten bevor. Sie müssen mit dem Kind die unterschiedlichen Sendungen und Formate bewerten, nach Nutzen und Informationsgehalt. Die gesehenen Sendungen sollen nachbesprochen werden, damit das Kind nicht mit beängstigenden oder irritierenden Fragen alleine bleibt. Der Zweck der Werbeunterbrechungen muss erklärt werden, um dem Kind einen Einblick in die kapitalistische Welt zu gewähren. Um es zu vereinfachen: Setzen wir uns mit dem Kind vor die Glotze, schalten ein und stellen die Fragen: Was will die Sendung von uns? Was wollen wir von ihr? Welche Vorteile hat der Konsument davon und welche Vorteile haben nur die Sender? Je umfangreicher der Wissensschatz ist, den ein Kind sich in den Jahren vor dem täglichen Gebrauch mit Medien angeeignet hat, desto reflektierter kann es mit dem Gesehenen umgehen und es für sich und sein eigenes Leben verwenden. Was ich damit sagen will, ist, dass ein Kind, das aus einem großen realen Erfahrungsschatz schöpfen kann, eher die Stirn runzelt, wenn ein Protagonist sich nach einer Schlägerei mit vier Hooligans unversehrt wieder aufrappelt. Während ein Kind, das auf mediale, virtuelle Erfahrungen zurückgreift, völlig irritiert über die fast unerträglichen Schmerzen ist, wenn es mal einen Knuffer in die Seite bekommt.

Den richtigen Umgang mit den Zeitfressern zu finden ist schwierig und individuell. Hey, was denken Sie, worauf ich dieses Buch hier geschrieben habe? Aber machen Sie mal kleinen Kindern klar, dass Sie am Computer AUSSCHLIESSLICH arbeiten. Um dann augenklimpernd die Ausflüge in Chatrooms oder Foren als »Recherche« auszugeben. Regelungen, die eine bestimmte Zeit für die Nutzung elektronischer Medien festlegen, sind nur für das Fernsehen sinnvoll. Dort sind die Sendungen zeitlich terminiert und der Ausschaltknopf kann betätigt werden. Spiele am Computer oder an Konsolen haben oft keine Speichermöglichkeit, die auf die individuelle, innerfamiliäre Medienerziehung abgestimmt ist. Generell sollten für das Spielen an Computer und Konsole feste Regeln herrschen. Elektronisch unterstützte Spiele sollten erst nach der Erledigung der schulischen Pflichten in Betracht gezogen werden dürfen. Und nicht zeitnah zur Nachtruhe, das hat noch nie jemandem gutgetan und wird es auch dann nicht, wenn man es zur Maxime seines täglichen Handelns macht. Ein Handy sollte am Familientisch verboten sein, und auch das verheißungsvolle »Piep«, »tüdeltü« oder »Hex Hex«, das je nach Häufigkeit den aktuellen Marktwert des Angepiepsten bestimmt, muss für die Zeit des gemeinsamen Essens ignoriert werden. Aber wie bringe ich meinem Kind bei, dass eine SMS nicht noch im Ausklingen des Erhalttons beantwortet werden muss? Vorbild sein. Tut weh, ist aber so.

Wenn Sie ernsthaft eine gesunde Medienerziehung in Betracht ziehen, dann werden Sie einen guten Weg finden. Denn das Wichtigste ist, dass Sie wissen, was Sie für Ihr Kind wollen, und dass SIE bereit sind, das auch vorzuleben. Viel Glück!

Kinder müssen spielen

Spielen ist Lärmbelästigung, Zeitverschwendung, manchmal teuer, und die Kinder verletzen sich leichter, als wenn sie als regungslose Futterverwerter vor dem Fernseher oder Computer sitzen.

Und dennoch:

Kinder müssen spielen ...

... damit sich wichtige Synapsen im Gehirn bilden und das Kind dieses Wort auch irgendwann mal aussprechen kann.

... damit die Eltern voller Stolz den ersten Preis ihres Kindes bei Jugend forscht einheimsen können.

... damit sie sich in sozialen Auseinandersetzungen üben, Streitigkeiten verbal lösen lernen und die Messer wieder selber aus dem gegnerischen Fleisch pulen können.

... damit sie anderen Kindern, die schon medieninfiziert sind, ein gutes Beispiel geben.

... damit sie auch mal die Million bei »Wer wird Millionär« abräumen können.

... damit die Mädchen lernen, dass sie mit einem »Gameboy« noch ganz andere Sachen machen können.

... damit sie sich in Rollenspielen schon mal einen scharfen Ton gegenüber würdigen Amtsträgern angewöhnen.

... damit sie merken, dass Monopoly gut darauf vorbereitet, keine Schulden zu machen, sein Geld in Häufchen zu sortieren, viele Häuser zu bauen und sich nicht aus dem Gefängnis freizukaufen, wenn man sowieso schon pleite ist.

... damit sie lernen, aus der Fülle der erlernten Regeln die für sie verwertbaren herauszufiltern.

... damit sie sich in geduldigem, positivem Zuspruch üben, um ihre Spielkameraden elegant zu manipulieren.

... damit sie mit ihrem Lachen das Herz eines verbitterten

Rentners berühren, der sich eben wegen Lärmbelästigung bei der örtlichen Polizeidienststelle beschweren wollte.

... damit sie lernen, dass Schach nicht nur ein Spiel ist, sondern KRIEG.

... damit sie den Ernst des Lebens im Spiel erfahren und das Spiel des Lebens zu leben lernen.

... damit ihre Mutter sie nach einem anstrengenden Tag, den sie draußen bei minus 15 Grad verspielt haben, in die Arme schließen kann und sie darin erschöpft, aber glücklich einschlafen.

... damit sie ihren Eltern später dafür dankbar sind, dass sie sie dazu geprügelt haben, ihre Zeit sinnvoll zu nutzen.

... damit sie ihren eigenen Kindern erzählen können, wie sie glücklich, weil schnell, über Viehweiden gerannt sind oder dass die große Narbe unterm Kinn von der fehlenden Fähigkeit, mit Rollschuhen zu bremsen, herrührt. Wie sie Murmeln geschnipst haben, so wie ihre Eltern es auch schon getan haben. Wie sie alte Kinderreime zum Abzählen oder für Hüpfspiele gesungen haben.

Kinder müssen spielen, damit sie ihren eigenen Kindern das weitergeben können, was das Leben für sie lebenswert gemacht hat. Das, woran sie denken, wenn sie nach ihrer Kindheit gefragt werden. Das kann das Baumhaus sein, das zur geheimen Brutstätte kindlicher Streiche wurde. Oder die Atemnot, in die wir gerieten, als uns die Bande der Vorstadthalbwüchsigen jagte, weil wir ihnen Harz auf die Fahrradsattel geschmiert hatten. Der Anblick einer Pusteblume, der uns augenblicklich in unsere Vergangenheit katapultiert, weil uns die Uschi von nebenan die Dinger genau ins Ohr gepustet hatte und wir jetzt noch jeden Frühling statt Ohrenschmalz Löwenzahn ernten. Jedes Erlebnis ist einzigartig und bestimmt unsere Kindheit. Die wenigen Jahre bis zum Hormonchaos sind wertvoll und gehen schnell vorbei. Bis dahin gilt es, die Welt zu erfassen, zu erspüren, zu riechen, zu schmecken. Und es wäre schade, wenn unsere Kinder ihren Kindern erzählen müssten, dass sie Lara Croft in 67 Spielstunden zum glorreichen Finale gebracht haben oder dass die Schlümpfe nach etlichen Wochen des Hüpfens über Lava und Eis und im Kampf gegen »Aggro«-Bienen und debile Schneemänner endlich den Gargamel bezwungen haben.

Kinder auf den »richtigen« Weg zu führen ist eine schwierige Angelegenheit. Eltern müssen nicht nur wissen, welche wissenschaftlichen Erkenntnisse ihre Kinder zu zukünftigen Nobelpreisträgern machen. Sie müssen auch wissen, was sie selber wollen. Welche Ziele und Ansprüche sie selber haben. Ein Kind die ersten Jahre bis weit hinein ins Grundschulalter zu begleiten, ihm die Welt zu erklären, es Zusammenhänge herausfinden zu lassen, forschen zu lassen. Das erfordert persönlichen Einsatz, Mut und Verzicht. Manche Mutter oder mancher Vater fragt sich mit Recht: Wo ist mein Leben hin? Meine Antwort: Es ist noch da. Es hat sich nur gut versteckt. Unter Windelbergen, herumliegenden Socken und Elternbriefen.

Ein Kind spielen zu lassen, es gewähren zu lassen, es hinauszujagen, es zu ermutigen, Ideen mit ihm zu entwickeln und es zu unterstützen, seinen Instinkten zu folgen, das kostet uns manchmal den letzten Nerv, ist anstrengend und fühlt sich oft völlig sinnlos an. Aber wenn wir uns überwinden, vielleicht DOCH mal auf die Stelzen zu steigen, um nach zwei staksigen Schritten lachend hinunterzufallen, vielleicht DOCH mal in die Rolle des Pferdediebes zu schlüpfen, vielleicht DOCH mal ein Papierschiffchen zu falten und es das Bächlein hinunterschwimmen zu lassen oder vielleicht DOCH mal einen Pfenningskracher in einen Blecheimer zu werfen, dann kann es passieren, dass wir einen zarten Schmetterlingsschlag auf unseren vergessenen Erinnerungen spüren. Dann sind wir plötzlich selber wieder Kind, nehmen Anlauf und knallen mit einer Arschbombe ins Schwimmbecken, rennen mit einem Brennglas hinter Ameisen her und versuchen ihren Hintern zum Platzen zu bringen oder freuen uns über unsere triefenden Hosen nach einem beherzten Pfützensprung.

Wir hatten NICHTS. Und haben daraus alles gemacht. Kinder heute haben auch oft nichts. Gar nichts. Außer eine vorgefertigte Spielzeugausgabe des Erwachsenenlebens, dazu einen Computer, einen Fernseher – und zwar bitte schön in jedem Zimmer – und mindestens eine Spielkonsole in groß oder in Pocketversion. Wo sind sie hin, die verschmierten kleinen Hände vom Ölwechsel am eigenen Fahrrad, wo sind sie hin, die mühevoll gefertigten Gänseblümchenkränze, der selbst gebastelte Pfeil und Bogen, die schrägen Baumhäuser oder die Wurfspiele aus Steinen und Stöckchen? Wo sind »Räuber und Gendarm«, wo ist der Fischer, der sich auch nach hundertfünfzig Jahren nicht merken kann, wie tief das Wasser ist, wo ist der arme schwarze Kater, der nicht lachen darf? Leben sie jetzt wirklich alle hinter Glas in Computern? Nein. Es gibt sie noch. Sie sind da. Irgendwo da draußen. Und warten auf unsere Kinder. Die Welt wartet auf unsere Kinder.

ISBN 978-3-8000-7455-6

ISBN 978-3-8000-7355-9